बाबासाहेब अम्बेडकर की वाणी

"भारत के अधिकांश लोग..... रचनात्मक सुझाव नहीं देते। इसका कारण यह नहीं कि उन लोगों में रचनात्मक सुझाव देने की क्षमता नहीं है। सभी जन रचनात्मक विचार क्यों प्रकट नहीं कर पाते? इसका कारण यह है कि एक दीर्घकालीन और अनवरत प्रचार ने आमजन के मन में यह धारणा बैठा दी है कि कोई भी बात तब तक आदरभाव से नहीं देखी जानी चाहिए, और न ही स्वीकार की जानी चाहिए, जब तक कि वह बात (एक वर्ग विशेष द्वारा) न उठाई गई हो।"

- भीमराव अम्बेडकर

बाबासाहेब अम्बेडकर की वाणी

डॉ० रवीन्द्र कुमार
श्रीमती कमलेश कुमार

GYAN

ज्ञान पब्लिशिंग हाउस
नई दिल्ली –110002

बाबासाहेब अम्बेडकर की वाणी

मूल्य : 360

ISBN: 81-212-0918-8

भारत में सन् 2006 में प्रकाशित
ज्ञान पब्लिशिंग हाउस,
5, अंसारी रोड, दरियागंज,
नई दिल्ली—110002

फोन : 23282060, 23261060 फैक्स : 23285914
ई—मेल : books@gyanbooks.com
वेबसाइट : http//www.gyanbooks.com

लेजर टाइपसेटिंग : टैक्ट कम्प्यूटर ग्राफिक्स, दिल्ली
मुद्रित : सालासर ऐमेजिग सिसटम. दिल्ली

अनुक्रमणिका

प्राक्कथन

बाबासाहेब डॉ० भीमराव अम्बेडकर का व्यक्तित्व बहुआयामी था। उन्होंने न केवल दलितों व पिछड़ों के उद्धार के लिए आवाज़ उठाई और उनके लिए कार्य किए, अपितु सामाजिक क्षेत्र में क्रान्ति के अग्रदूत के रूप में भी उन्होंने स्मरणीय योगदान दिया।

बाबासाहेब अम्बेडकर एक प्रगतिशील विचारक थे। समानता और न्याय उनके विचारों का केन्द्र रहे और इनकी स्थापना के लिए बिना कोई समझौता किए उन्होंने जीवन भर संघर्ष किया। बाबासाहेब जैसे व्यक्तित्व रोज-रोज जन्म नहीं लेते हैं।

बाबासाहेब एक महान भारतीय थे, वे सच्चे देशभक्त थे और समाज व देश की उन्नति में सबकी भागीदारी की सुनिश्चितता के पक्षधर थे। उनके आर्थिक और राजनीतिक विचार भी स्पष्ट थे, वे सार्वजनिक जीवन में ईमानदारी, स्वच्छता तथा मूल्यपरक राजनीति के प्रबल समर्थक थे।

बाबासाहेब ने न केवल गणतंत्र भारत के संविधान निर्माणार्थ अपना बहुमूल्य और चिरस्मरणीय योगदान दिया, अपितु स्वाधीन भारत के प्रथम मन्त्री-मण्डल के एक सदस्य के रूप में कार्य करके भी राष्ट्र की सेवा की।

बाबासाहेब अम्बेडकर भारत को हर ओर से सुदृढ़ और सुरक्षित

देखना चाहते थे। इसीलिए देश की आन्तरिक और बाह्य, दोनों, नीतियों की स्पष्टता पर उन्होंने बल दिया और नीति-निर्धारकों को समय-समय पर सचेत किया।

यह अति प्रसन्नता की बात है कि डॉ० रवीन्द्र कुमार और श्रीमती कमलेश कुमार ने बाबासाहेब डॉ० भीमराव अम्बेडकर के समस्त सामाजिक, सांस्कृतिक, राजनीतिक और आर्थिक विचारों के प्रमुख अंशों के संकलन से इस पाण्डुलिपि का निर्माण किया है। निःसन्देह पुस्तक के रूप में प्रकाशित होने के बाद इससे सामान्य पाठकों का बाबासाहेब के बहुमूल्य व अनुकरणीय विचारों से परिचय होगा। वे इनसे सीख लेंगे तथा समाज व राष्ट्र के प्रति अपने कर्तव्यों को जान सकेंगे; बाबासाहेब ने जिस समानता और न्याय की स्थापना का बीड़ा उठाया था, उसे परिणति प्रदान करने को आगे आएँगे।

डॉ० रवीन्द्र कुमार और श्रीमती कमलेश कुमार को उनके प्रयासों के लिए बधाई देते हुए मैं इस प्रकाशन की सफलता की कामना करता हूँ।

– के० आर० नारायणन्

अपनी बात

वर्षों से अनेक महान राष्ट्र-निर्माताओं पर पुस्तकें तैयार करने की मेरी इच्छा रही थी। कुछ जीवनियों के अतिरिक्त ऐतिहासिक सत्यताओं को केन्द्र में रखकर उपमहाद्वीप के अग्रिम पंक्ति के नेताओं पर मैंने इस कड़ी में कार्य किया। लेकिन सरदार पटेल, नेताजी सुभाषचन्द्र बोस, स्वामी विवेकानन्द तथा लोकमान्य बाल गंगाधर तिलक पर मैंने सामान्य पाठकों के लिए भी पाण्डुलिपियाँ तैयार कीं। विशेष रूप से आमजन इन नेताओं के विभिन्न सांस्कृतिक, सामाजिक, शैक्षणिक, राजनीतिक, बौद्धिक, धार्मिक व आर्थिक विषयों पर कहे गए अनमोल वचनों के माध्यम से उन्हें जान व समझ सके, ऐसा मेरा प्रयास रहा था। इस कड़ी में मेरे भ्राता श्री लखमेन्द्र खुराना ने कुछ समय पूर्व मुझसे डॉ० भीमराव अम्बेडकर पर भी इसी तरह का कार्य करने का आग्रह किया। परिणामस्वरूप बाबासाहेब पर इस श्रृंखला की यह अगली पाण्डुलिपि तैयार है। इसे भी अन्य पाण्डुलिपियों की ही भाँति कमलेश के सहयोग से समय रहते, डॉ० अम्बेडकर के भाषणों, लेखों, वक्तव्यों और पत्रों के अंशों से अन्तिम रूप दिया गया है।

डॉ० अम्बेडकर की विद्वत्ता, गहन अन्वेषण-पद्धति, सकारात्मक सोच और विश्लेषण के ढंग को अद्वितीय माना जाना चाहिए। वे विद्वान थे; अपने समय के अन्य विद्वानों से कहीं भी वे उन्नीस नहीं थे।

यह सही है कि अम्बेडकर ने उन समस्त ज्वलंत विषयों पर, जो उनके समय सामाजिक, राजनीतिक और आर्थिक क्षेत्रों में प्रमुख थे, अथवा उन समस्त समस्याओं, जो उक्त क्षेत्रों में विश्लेषण के साथ ही समाधान की पात्र थीं, एक साथ नहीं लिखा। लेकिन यह बात बहुत महत्त्वपूर्ण थी कि उक्त में से जो विषय उन्होंने चुने, वे वास्तव में हजारों वर्षों से दबे, कुचले और गरीब लोगों से सीधे-सीधे जुड़े हुए थे। करोड़ों दलितों का भविष्य उनसे बँधा हुआ था। अम्बेडकर की दृष्टि में वे विषय राजनीतिक स्वतंत्रता की अपेक्षा अधिक महत्त्वपूर्ण थे। अपनी इस सोच में वे बहुत बड़ी सीमा तक सही भी थे।

अस्पृश्यता, जाति-प्रथा और शूद्रों की उत्पत्ति के बारे में गहन और विस्तृत विश्लेषण करते हुए उन्होंने जो निबन्ध प्रस्तुत किए, वे स्वयं उनकी विद्वत्ता के परिचायक हैं। यही नहीं, आर्थिक तथा राजनीतिक विषयों पर उनका लेखन, विधायिकाओं में व्यक्त विचार और समय-समय पर इस सन्दर्भ में की गईं टिप्पणियाँ अपने आप में अद्वितीय थीं। आज तक भी उनके लेखों, व्यक्त विचारों और टिप्पणियों की प्रासंगिकता है।

बाबासाहेब अम्बेडकर ने भूमि और भूसुधार, कृषि-जोत के आकार और उससे जुड़ी समस्याओं, उपज और उसकी अलाभकारिता, श्रम, श्रमिक और औद्योगिक विवाद, ट्रेड-यूनियन और उससे जुड़े विषयों पर बेबाक होकर लिखा। उन्होंने इन विषयों से जुड़ी समस्याओं को उजागर किया और समाधानार्थ सुझाव प्रस्तुत किए। सांवैधानिक सुधारों, शिक्षा-क्षेत्र के सुधारों और सामान्य कानूनों को सबके लिए सार्थक एवं कारगर बनाने हेतु अपना पक्ष रखा, जो अनुकरणीय था और अभी भी है।

II

डॉ० अम्बेडकर ने राष्ट्रीय मुक्ति-आन्दोलन में भाग नहीं लिया। क्यों? उन्होंने स्वयं इसके बारे में अपने लेखों, भाषणों और वक्तव्यों में खुलासा किया है। यह पाठकों पर है कि वे स्वयं इस सन्दर्भ में उनके द्वारा रखे गए पक्ष का ईमानदारी से विश्लेषण करें। लेकिन इसके बावजूद मैं यह दावे के साथ कहने की स्थिति में हूँ कि बाबासाहेब अम्बेडकर एक महान देशभक्त थे। वे भारतीयों में भारतीय थे। भारत से उनके प्रेम को किसी प्रमाण-पत्र की आवश्यकता नहीं है। इस पुस्तक में उनके स्वयं के विचारों, लेखों, भाषणों अथवा वक्तव्यों से उद्धृत अनेक अंशों से यद्यपि उक्त बात स्पष्ट हो जाती है, लेकिन मैं फिर भी उनके कुछ दृढ़ कथनों के अंश यहाँ प्रस्तुत करना चाहूँगा।

एक परिपक्व और सच्चे राष्ट्रीय नेता के रूप में अम्बेडकर ने फरवरी १९४२ में कहा था, "मेरा जातिवादी हिन्दुओं के साथ कुछ बिन्दुओं को लेकर विवाद है, लेकिन मैं आपके समक्ष प्रतिज्ञा करता हूँ कि अपने देश की रक्षा के लिए मैं अपने जीवन को (भी) न्यौछावर कर दूँगा।" निःसन्देह उनके इस कथन से स्पष्ट हो जाता है कि बाबासाहेब मात्र दलितों के नेता ही नहीं थे। वे पूरे देश के नेता थे; पुनः कहूँगा, वे महान देशभक्त थे। एक अग्रिम पंक्ति के देशप्रेमी नेता के रूप में ही उन्होंने दलितों के अतिरिक्त सभी देशवासियों के लिए समानता पर आधारित स्वशासन का नारा लगाया था। ऐसा करना पूर्णतः न्यायोचित था, आवश्यक था और समय की माँग के साथ-साथ राष्ट्र की सुदृढ़ता व उसकी स्थिरता के लिए परमावश्यक भी था।

सामाजिक क्षेत्र में अम्बेडकर को एक क्रान्तिवीर माना जाना

चाहिए। ऐसे क्रान्तिवीर कभी भी राष्ट्रहित से समझौता नहीं किया करते। अम्बेडकर ने ऐसा कभी किया भी नहीं। जिस समय हैदराबाद राज्य के भारतीय संघ में विलय को लेकर गम्भीर स्थिति उत्पन्न हो गई थी और निजाम भारत विरोधी गतिविधियों में संलग्न होकर राज्य को स्वतंत्र रखने का स्वप्न देख रहे थे, तो ऐसे में अम्बेडकर ने हैदराबाद राज्य के दलितों को जो संदेश दिया, उसे जानकर कदाचित् अनेक के भ्रम टूट जाएँ। बाबासाहेब ने हैदराबाद राज्य के दलितों से कहा था कि एक ऐसे शासक (निजाम) को, जो भारत का विरोधी हो, समर्थन देने का विचार तक मस्तिष्क में न लाएँ, भले ही जातिवादी हिन्दुओं से उन्हें अनेक शिकायतें हों।

भारत में जाति-प्रथा ने राष्ट्र से खिलवाड़ किया है। जाति-प्रथा समाज के विघटन का कारण बनी है। बाबासाहेब के जाति-प्रथा से सम्बन्धित विचारों से, मैं स्वयं इसीलिए सहमत हूँ। मैं शूद्रों की उत्पत्ति के बारे में उनके विश्लेषण से अभी पूर्णतः सहमत न भी हूँ, तो भी इस संदर्भ में उनकी व्याख्या से बहुत बड़ी सीमा तक प्रभावित अवश्य हूँ। इस संदर्भ में भी विशेष बात यह है कि अम्बेडकर अपनी सम्पूर्ण व्याख्या में आर्यों को भारतीय ही मानते हैं, विदेशी नहीं। यह रुचिकर है, और साथ ही उनकी विद्वत्ता का परिचायक भी है।

बाबासाहेब अम्बेडकर के महात्मा गाँधी के साथ वैचारिक मतभेदों की बहुत-सी बातें की जाती हैं। दोनों की कार्य-पद्धति के बारे में भी बहुत कुछ कहा जाता है। दोनों में वैचारिक मतभेद थे और कार्य-पद्धति में भी भिन्नता थी। यह सत्यता है। इसलिए अपनी-अपनी दृष्टि से लोगों का उनके बारे में जो अपना-अपना दृष्टिकोण है, मैं उसके बारे में यहाँ कोई चर्चा नहीं करना चाहता हूँ। लेकिन तब भी

मैं यह कहूँगा कि डॉ० अम्बेडकर महात्मा गाँधी का सम्मान करते थे। बाबासाहेब ने दलितों व अछूतों के लिए गाँधीजी के कार्यों व प्रयासों को कभी भी नहीं नकारा। अम्बेडकर जैसे महान व्यक्तित्व के स्वामी ऐसा कर भी नहीं सकते थे। हाँ, जो सच्चाई है, वह यह कि बाबासाहेब अम्बेडकर महात्मा गाँधी द्वारा किए गए कार्यों या दलितों व अछूतों के लिए उनके प्रयासों को अपर्याप्त मानते थे। इसलिए दोनों के मध्य वैचारिक मतभेद भी था; जो स्वाभाविक था। ऐसा इसलिए भी क्योंकि बाबासाहेब की सोच का आधार विशुद्ध शोध व विश्लेषण रहा था, तथा साथ ही उनके अपने देश में ही अपने जीवन के कटु अनुभव रहे थे। ऐसे अनुभव केवल उसी को हो सकते थे, जो उनके मध्य से गुजरे।

आज समय की माँग है कि बाबासाहेब अम्बेडकर के विचारों व कार्यों से प्रत्येक भारतीय एकाकार करे। बाबासाहेब अम्बेडकर समस्त भारतवासियों के आदर और सम्मान के पात्र हैं, न कि किसी एक वर्ग के ही। उनके सम्मान में कमी करने वाला कोई भी भारतीय, वास्तव में, अपनी राष्ट्रभक्ति व राष्ट्र-प्रेम पर प्रश्न-चिह्न लगाता है। स्मरण रहना चाहिए कि बाबासाहेब अम्बेडकर भारत की आवाज़ थे; भारत की राष्ट्रीय सोच के सच्चे प्रतिनिधि थे। वे सामाजिक सुधार के अग्रदूत थे।

इस पाण्डुलिपि को तैयार करने में भाई के समान मित्र श्री मनोज कुमार 'मनोज' ने मेरी भरपूर सहायता की है। विशेषकर उन्होंने पाण्डुलिपि को पढ़कर शुद्ध बनाने में कठिन परिश्रम किया है। श्री मनोज का इस कार्य हेतु मैं हृदय से धन्यवाद करता हूँ।

– रवीन्द्र कुमार

सरोकार

बाबासाहेब डॉ० भीमराव अम्बेडकर को यदि कोई भारतीय केवल किसी एक वर्ग विशेष का नेता माने, या कोई उन्हें सीमित दायरे में रखने का प्रयास करे, तो शायद इससे बड़ी कोई विडम्बना नहीं होगी। उन्होंने दलितों की बात की। उन्होंने कथित रूप से अछूत समझे जाने वालों के पक्ष में आवाज़ उठाई। उन्होंने गरीबों का पक्ष लिया। ये सभी बातें सत्य हैं। लेकिन ये ही बातें तो न्यायोचित भी हैं। गरीबों, दलितों व अछूतों के अधिकारों की बात करने वाला कोई साधारण पुरुष नहीं हो सकता। ऐसा पुरुष तो महान ही हो सकता है। बाबासाहेब अम्बेडकर महान थे। उनके विचार और उनके द्वारा किए गए कार्य भी महान थे। भारत के इतिहास से उनके नाम को नहीं मिटाया जा सकता। उनके द्वारा छोड़ी गई वैचारिक विरासत को भी नहीं भुलाया जा सकता।

वैचारिक स्पष्टता, निडरता, तर्कशीलता और सकारात्मकता बाबासाहेब अम्बेडकर के जीवन के प्रमुख गुणों में से थे। वे लालची नहीं थे। पदलोलुपता उनमें नहीं थी। लेकिन अपने आदर्शों से समझौता करने का भी उनका स्वभाव नहीं था। ये बातें छोटी नहीं थीं। ये उनके महान व क्रान्तिकारी जीवन को सुशोभित करने वाली बातें थीं। इसी के साथ-साथ वे सद्भाव व परसम्मान के पूर्णतः पक्षधर थे। यद्यपि महात्मा ज्योतिराव गोविन्दराव फुले उनके आदर्श थे, लेकिन न्यूनाधिक

वैचारिक मतभेदों के बाद भी लोकमान्य तिलक, महात्मा गाँधी और सरदार पटेल के प्रति उनके आदर में कोई कमी नहीं थी। वे गोखले और सावरकर का भी सम्मान करते थे, जबकि रानाडे उनकी प्रशंसा के पात्र थे।

डॉ० अम्बेडकर के जीवन व कार्य हम सभी के लिए प्रेरणा का स्रोत हैं। देश व समाज की स्वस्थता और एकता के लिए उनसे बहुत कुछ सीखा जा सकता है। वर्तमान व भावी पीढ़ी इस दिशा में आगे आएगी, मुझे ऐसा विश्वास है। डॉ० रवीन्द्र कुमार के साथ इस पुस्तक की तैयारी में सहयोग करते हुए मुझे गर्व है। मैं भविष्य में भी इस तरह के अन्य कार्यों में डॉ० कुमार की सहभागी रहूँगी।

– **कमलेश कुमार**

भारत-विधान के सृष्टा, तुझको शत बार नमन है।
तेरे प्रयास से सुरभित, भारत का यह आँगन है।।

भगवान बुद्ध शरणागत, दीनों के भाग्य-विधाता।
तेरा गुण-गौरव गाकर, खुश होती भारत माता।।

सेवा को धर्म बनाया, पीड़ा को हृदय बसाया।
बनकर भारति का सेवक, दीनों को गले लगाया।।

मानव-मानव में अंतर, करना अपराध बताया।
भ्रम के परदे को आकर, झटपट था दूर हटाया।।

निज जीवन सफल बनाकर, जगजीवन सफल किया है।
भारति की सेवा करके, सच्चा बोधित्व लिया है।।

जब खून एक है, तन में, फिर अंतर यह क्यों आया?
सदियों के रूढ़िवाद को, समता का पाठ पढ़ाया।।

मानव से घृणा अरे! पर, पशु पूजित हो जाता है।
अपने नर के कर्मों पर, ईश्वर भी रो जाता है।।

तुझको इसलिए बनाया, क्या खुद में भेद करेगा?
मेरे विधान से डर कुछ, तू मुझमें छेद करेगा।।

– मनोज कुमार 'मनोज'

बाबासाहेब
समकालीन महापुरुषों
की दृष्टि में

"यदि व्यक्ति का प्रेम तथा घृणा प्रबल नहीं है, तो वह यह आशा नहीं कर सकता कि वह अपने युग पर कोई प्रभाव छोड़ सकेगा और ऐसी सहायता प्रदान कर सकेगा, जो महान सिद्धान्तों तथा संघर्ष की अपेक्षा लक्ष्यों के लिए उचित हो। मैं अन्याय, अत्याचार, आडम्बर तथा अनर्थ से घृणा करता हूँ; और मेरी घृणा उन सब लोगों के प्रति है, जो इन्हें अपनाते हैं। वे दोषी हैं। मैं अपने आलोचकों को यह बताना चाहता हूँ कि मैं अपने इन भावों को वास्तविक बल व शक्ति मानता हूँ। ये भाव केवल उस प्रेम की अभिव्यक्ति हैं, जो मैं उन लक्ष्यों व उद्देश्यों के लिए प्रकट करता हूँ, और जिनके प्रति मेरा विश्वास है।"

– भीमराव अम्बेडकर

मूल्यवान देशभक्त

"मैं जानता हूँ कि वह (अम्बेडकर) एक मूल्यवान देशभक्त हैं।"

– महात्मा गाँधी

संविधान निर्माता

"अम्बेडकर हमारे संविधान के निर्माता थे और विभिन्न रूपों में उनके द्वारा की गईं सेवाएँ.... कभी भी भुलाई नहीं जा सकेंगी।"

– डॉ० राजेन्द्र प्रसाद

सचेतकर्ता

"हिन्दू समाज में समस्त दमनकारी कृत्यों के विरुद्ध विद्रोहकर्ता के रूप में..... अम्बेडकर को याद किया जाएगा। तर्कसंगत विरोध के उनके ढंग से जनता के मस्तिष्क (सदा) सचेत रहेंगे....।"

– पं० जवाहरलाल नेहरू

अद्वितीय विद्वान

"कदाचित्, अम्बेडकर ने जितने कष्ट सहे, हममें से बहुत कम लोगों ने उतने कष्ट सहे होंगे; वे जितने योग्य व विद्वान हैं, उतने हममें से बहुत कम होंगे।"

– सरदार वल्लभभाई पटेल

ईमानदार और न्यायप्रिय

"अम्बेडकर एक ईमानदार व्यक्ति थे, न्यायप्रिय थे, विद्वान थे तथा उनका दृष्टिकोण सत्यमय व चेतनायुक्त था। वे मित्र थे; ऐसे व्यक्तित्व जीवन में कार्य करने के बाद शान्ति को प्राप्त होते हैं।"

– चक्रवर्ती राजगोपालाचारी

गुणी और विद्वान

"अम्बेडकर में मौजूद विद्वत्ता के महान गुणों और देश व अपने समाज के लोगों की उनके द्वारा की गई सेवा ने उन्हें भारत के अग्रिम पंक्ति के महान लोगों की श्रेणी में लाकर खड़ा कर दिया।"

– बी० जी० हार्निमेन

व्यक्तित्व के धनी

"अम्बेडकर का व्यक्तित्व, विद्वत्ता और नेतृत्व तथा संगठन की क्षमता स्वयं उन्हें हमारे देश की एक बेजोड़ सम्पदा बनाती है।"

– वीर सावरकर

निर्वाण प्राप्तकर्ता

"अम्बेडकर एक महान नेता थे; उन्होंने राष्ट्रसेवा की और निर्वाण प्राप्त किया।"

– भदन्त आनन्द कौशल्यायन

इतिहास–पुरुष

"अम्बेडकर विवादों से दूर एक ऐसे महान व्यक्तित्व थे, जिन्होंने भारत के जनमानस के उद्धार के लिए ऐतिहासिक भूमिका का निर्वाह किया।"

– यू० नू० (प्रधानमंत्री, बर्मा)

धर्म सुधारक

"दबे-कुचले वर्गों के अधिकारों के लिए अम्बेडकर ने संघर्ष किया और कष्ट सहे। उन्होंने अन्याय, दमन और असमानता के विरुद्ध लड़ाइयाँ लड़ीं; और हिन्दू धर्म के प्रति विद्रोह नहीं किया, अपितु उसे सुधारने का प्रयास किया।"

– आचार्य पी० के० अत्रे

उद्देश्यमय जीवन

"अम्बेडकर एक उद्देश्यमय जीवन जिए। उनके जीवन का उद्देश्य बहुत बड़ा था, जिसमें दबे हुओं, कुचले हुओं व दलितों का उद्धार प्रमुख था।"

– कोयाजी

राष्ट्रीय नेता

"देश के अत्यधिक विद्वान नेताओं में से अम्बेडकर एक हैं; वे केवल उन्हीं (दलितों) के नहीं, अपितु भारत के नेता हैं।"

– बा० गं० खेर

जन–सेवक

"बाबासाहेब अम्बेडकर एक महान (जन) सेवक और शक्ति थे; और उनमें इतनी क्षमता थी कि वे अकेले ही देश की सरकार चला सकते थे।"

- एस० के० पाटील

●●●●

बाबासाहेब राष्ट्रीय-अन्तर्राष्ट्रीय समाचार पत्रों की दृष्टि में

"स्वाभिमान और आत्म-सम्मान से बढ़कर चूँकि और कुछ नहीं है, इसलिए आज अनुसूचित जातियों के लोगों, दबे-कुचलों व गरीबों को इन दोनों बातों से लेशमात्र भी पीछे न हटते हुए अपनी तमाम क्षमताओं तथा कठिन परिश्रम से प्राप्त होने वाली उपलब्धियों को पाना चाहिए। ऐसा करने से ही उनको सामाजिक न्याय प्राप्त होगा, जिसके वे समान रूप से अधिकारी हैं; तथा जिससे उनकी आर्थिक स्थिति परिवर्तित होगी।"

- भीमराव अम्बेडकर

सक्षम व्यक्ति

"अम्बेडकर (अमूल्य) उपहार रूप में प्राप्त एक सक्षम और बहुमुखी प्रतिभा से सम्पन्न व्यक्ति थे, जो भिन्न परिस्थितियों में समाज व देश की और अधिक सेवा कर सकते थे।"

– द टाईम्स आफ इण्डिया

स्मरणीय मानव

"विधि, अर्थशास्त्र, समाजशास्त्र, श्रम और राजनीति जैसे क्षेत्रों में अम्बेडकर के अनुभव ने, वह भी भिन्न परिस्थितियों में, उन्हें विद्वतजगत में महान बनाया। उनका इन क्षेत्रों में योगदान बहुत प्रभावशाली व स्मरणीय रहेगा।"

– स्टेट्समैन

चेतनायुक्त

"अम्बेडकर ऐसी चेतना से युक्त मानव थे, जो अन्याय पर आधारित पुरानी व्यवस्था, व मानवीय अधिकारों के हनन को जारी रखने वाली प्रथा को समाप्त करने को कटिबद्ध रहे थे; राष्ट्रीयता से ओत-प्रोत गुण वाले वे इस महाद्वीप के एक महान सपूत थे।"

– अमृत बाजार पत्रिका

देशभक्त

"वह (अम्बेडकर) एक देशभक्त हैं और पूर्णतः स्व-शासन प्राप्त करने के इच्छुक हैं।"

– इण्डियन डेली मेल

प्रभावशाली मानव

"बहुमुखी प्रतिभा के धनी व्यक्तित्व (अम्बेडकर) ने अपनी अमूल्य राष्ट्र-सेवा के माध्यम से अपने समकालीनों पर गहरा प्रभाव छोड़ा; और यही उनकी यादगार भी रहेगी।"

– द हिन्दुस्तान टाईम्स

सत्य के हामी

"असत्य के प्रति वास्तविक रूप से विद्रोहकर्ता (अम्बेडकर) को बहुत लम्बे समय तक याद किया जाता रहेगा।"

– फ्री प्रेस जर्नल

क्रान्तिकारी नेता

"अम्बेडकर आधुनिक भारत के एक क्रान्तिकारी नेता हैं; (स्वामी) दयानन्द, (महात्मा) गाँधी और (वीर) सावरकर के प्रति पूर्ण आदर रखते हुए यह कहा जा सकता है कि अछूतों के लिए अम्बेडकर की सेवाएँ सर्वोच्च हैं।"

– (मराठी) प्रभात

सम्मानित नेतृत्वकर्ता

"अम्बेडकर विश्वभर में अछूतों के (महान) व सम्मानित नेता के रूप में जाने जाते थे।"

- द न्यूयार्क टाईम्स

अमूल्य योगदानकर्ता

"भारत के वैधानिक ढाँचे को अम्बेडकर ने श्रेष्ठ स्वरूप प्रदान करने में अपना अमूल्य योगदान दिया....।"

- द टाईम्स, लन्दन

••••

"कोई भी विचारशील व्यक्ति दृढ़ता के नाम पर किसी ऐसे मत के साथ बँधकर नहीं रह सकता, जो एक बार व्यक्त कर दिया गया हो। उत्तरदायित्व दृढ़ता से कहीं अधिक महत्त्वपूर्ण होता है। उत्तरदायी व्यक्ति की विशेषता यह होनी चाहिए कि जो कुछ उसने सीखा है, उसे भुलाना भी सीख सके। प्रत्येक उत्तरदायी व्यक्ति में पुनर्विचार करने और अपने विचारों में परिवर्तन लाने का साहस होना चाहिए। यही सत्य है कि जो कुछ उसने सीखा है, उसे भुला देने और अपने विचारों को नया रूप देने के लिए समुचित तथा पर्याप्त कारणों का होना आवश्यक है। सोच-विचार में किसी प्रकार के अन्तिम शब्द की संभावना नहीं हो सकती।"

- भीमराव अम्बेडकर

बाबासाहेब की वाणी

"ऐसे महान व्यक्ति, जिसने जीवनभर देश की सेवा की हो, के प्रति आभार व्यक्त करना बिल्कुल भी गलत नहीं है; लेकिन आभार की भी कोई सीमा होती है। जैसा कि आइरिश देशभक्त डेनियल ओ'केनिल ने सही ही कहा है, 'कोई भी व्यक्ति अपने सम्मान की कीमत पर आभार व्यक्त नहीं कर सकता, कोई महिला अपनी पवित्रता (शील) के मूल्य पर आभारी नहीं हो सकती और कोई राष्ट्र अपनी स्वतंत्रता के मूल्य पर आभारी नहीं हो सकता।' इस प्रकार की सावधानी की दुनिया के किसी अन्य देश की अपेक्षा हमारे देश भारत के लिए अधिक आवश्यकता है। हमें इस वास्तविकता को समझना होगा।"

– भीमराव अम्बेडकर

1

प्रारम्भिक समाज

"प्रारम्भिक समाज, निःसन्देह जो खानाबदोशों का था, केवल इसीलिए ही खानाबदोशों का नहीं था कि उनमें कोई जन्मजात घूमने की प्रवृत्ति थी। वह इसलिए खानाबदोशों का था, क्योंकि प्रारम्भिक युग के मनुष्य का धन, पशु थे और चूँकि (उनका धन) पशु- घुमक्कड़ थे, इसलिए उन्हें भी घुमक्कड़ बनना पड़ता था।"

सामाजिक समस्याएँ

"मानव-समाज में प्रत्येक समस्या एक सामाजिक समस्या है, और सामाजिक समस्याओं को राजनीतिक शक्ति से हल किया जा सकता है, मेरा दृढ़तापूर्वक ऐसा मानना है।"

सामाजिक स्तर

"सामाजिक स्तर ही प्रायः शक्ति का स्रोत बनता है।"

सामाजिक संस्कार

"संस्कारों के सम्बन्ध में दुख या कष्ट की कोई बात नहीं है। प्रत्येक समाज संस्कारों को मान्यता प्रदान करता है।"

सामाजिक अन्तर

"यह स्मरण रखना चाहिए कि प्रारम्भिक समाज घुमक्कड़ समुदायों से निर्मित था, जबकि आधुनिक समाज का निर्माण (स्थायी

रूप में) बसे हुए (जन) समुदायों से होता है। साथ ही, प्रारम्भिक समाज से जुड़े कबायलियों या कबायली समुदायों से निर्मित था, विपरीत उसके आधुनिक समाज क्षेत्रीयता के आधार पर स्थानीय समुदायों से बना है।"

सामाजिक समानता

"हिन्दू-समाज, एकता और जाति-विहीनता के सिद्धान्त पर आधारित हो; केवल अन्तर्जातीय विवाह या सामूहिक भोज अस्पृश्यता को नहीं मिटा सकते हैं; साथ ही आर्थिक क्षेत्रों और शासकीय कार्यों में अवसरों की समानता भी इस हेतु आवश्यक है। और राजनीति भी इस प्रकार हो कि उसमें मानवाधिकारों की समान रूप से सुरक्षा की प्रत्याभूति हो; किसी के अधिकारों का हनन न हो।"

सामाजिक परिवर्तन

"निरन्तर परिवर्तन के आधार पर प्रारम्भिक समाज आधुनिक समाज के रूप में सामने आया है; इस परिवर्तन को समस्त बिन्दुओं- आर्थिक, राजनीतिक व सामाजिक आदि- से जाना जा सकता है।"

समाज सुधार

"भारत में समाज सुधार का मार्ग स्वर्ग के मार्ग के समान है।"

परिवर्तन की निरन्तरता

"समाज भी निरन्तर परिवर्तन की परिधि में है। इसलिए यह कैसे संभव है कि इसके नियमों या व्यवस्थाओं को, जो सैंकड़ों-हजारों

वर्ष पूर्व स्थापित की गई हों, इस तर्क के आधार पर कि वे बहुत अच्छी थीं, बनाए रखा जाए? उन्हें बनाए रखना हो तो परिवर्तित स्थिति और माँग के अनुरूप तो बनाना ही होगा।"

सामाजिक–आर्थिक सुधार

"सामाजिक व्यवस्था में सुधार लाए बिना आर्थिक सुधार (प्रायः) संभव नहीं।"

सामाजिक पुनर्निर्माण

"सामाजिक पुनर्निर्माण तभी होगा, जब व्यक्ति और समाज के आपसी सम्बन्धों की सही जानकारी होगी। यह एक ऐसी समस्या है, जो अनेक समाजशास्त्रियों की पकड़ में नहीं आ सकती है।"

समाज सुधार का महत्त्व

"बुनियादी दृष्टि से समाज सुधार राजनीतिक सुधार से अधिक महत्त्वपूर्ण है।"

समाज सुधार का आदर

"समाज सुधार के क्षेत्र में किए जाने वाले कार्यों–वे छोटे हों या बड़े–की मैं सदा सराहना करता हूँ।"

जाति व समाज

"समाज सुधार में क्रान्ति के लिए अन्ततः जाति उन्मूलन का कार्य हाथ में लेना ही होगा, भले ही प्रारम्भ में ऐसा न किया जाए।"

राज्य और समाज

"राज्य और समाज को बहुधा इस प्रकार प्रस्तुत किया जाता है कि उससे दोनों में विरोधाभास प्रतीत होता है। लेकिन राज्य और समाज के मूल स्वरूप में कोई विभेद नहीं है।"

राज्य, समाज और शक्ति

"यद्यपि राज्य की पूर्ण शक्तियाँ विधि द्वारा संचालित होती हैं, और समाज अपनी पूर्ण शक्तियों के प्रवर्तन हेतु धार्मिक और सामाजिक मान्यताओं पर आधारित होता है, लेकिन तथ्य यही है कि दोनों को बल प्रयोग की पूर्ण शक्तियाँ प्राप्त हैं। इसलिए राज्य और समाज में कोई विरोध नहीं है।"

राज्य और समाज में भेद

"जिन व्यक्तियों से समाज बनता है वही व्यक्ति राज्य के भी सदस्य होते हैं। इसलिए राज्य व समाज में कोई अन्तर नहीं है।"

राज्य की आत्मनिर्भरता

"मेरी राय में किसी भी भाषाधारित राज्य के अस्तित्व में आने से पहले शर्त यह हो कि वह राज्य आर्थिक दृष्टि से आत्मनिर्भर हो।"

राज्य पर नियंत्रण

"भाषाधारित प्रान्त का मुखौटा पहनकर कोई बहुसंख्यक समुदाय शक्ति का दुरुपयोग न करने पाए, अर्थात भाषाधारित प्रान्तों के

निर्माण के साथ ही उन पर निरीक्षण और नियंत्रण के उपाय भी सोचने होंगे।"

जाति व राज्य

"भारत में जब तक समाज पर जाति राज्य करेगी, तब तक राज्य को पूर्णतः स्वतंत्र बनाकर नहीं रखा जा सकेगा।"

समाजवाद की सार्थकता

"यदि समाजवाद को वास्तविक बनाना है तो यह मानना ही होगा कि सामाजिक सुधारों की समस्या इस मार्ग में सबसे महत्त्वपूर्ण है, और इससे दूर नहीं भागा जा सकता है। जब तक समाजवादी इस वास्तविकता को अंगीकार नहीं करते हैं, वे अपना ध्येय प्राप्त नहीं कर सकते।"

औद्योगीकरण व राज्य–समाजवाद

"भारत के तीव्र औद्योगीकरण के लिए राज्य–समाजवाद आवश्यक है। निजी क्षेत्र (ही) ऐसा नहीं कर सकेगा।"

••••

2

मेरा भारत

"भारत से बढ़कर मेरे लिए क्या हो सकता है? यह देश मेरा है, और मेरे भाइयों व बहनों का है।"

देश सर्वोच्च

"देशवासी.... यह सीख लेंगे कि देश व्यक्ति से कहीं (अधिक) महान होता है।"

राष्ट्र की सर्वोच्चता

"मैं किसी व्यक्ति से, वह कितना भी महान क्यों न हो, देश को बड़ा मानता हूँ। किसी भी अन्य से मैं अपने आपको कम बड़ा राष्ट्रवादी नहीं मानता हूँ।"

भारतीयता सर्वोच्च

"मुझे अच्छा नहीं लगता, जैसा कि कुछ लोग कहते हैं, कि हम हिन्दू या मुसलमान पहले हैं, और भारतीय बाद में हैं। मैं चाहता हूँ कि भारतीय के रूप में हमारी निष्ठा किसी भी तरह की प्रतियोगी निष्ठा से प्रभावित न हो, चाहे वह हमारा धर्म हो या हमारी भाषा हो।"

पहले भारतीय

"मैं चाहता हूँ कि समस्त लोग पहले भारतीय हों, और अन्ततः भारतीय हों और भारतीय के अतिरिक्त और कुछ न हों।"

उन्नति का आधार

"देश की उन्नति का आधार सुदृढ़, परिपक्व और बड़ी सोच ही हो सकती है, ऐसी सोच जिसमें समाज के निम्नतम वर्गों के उत्थान का भाव भी हो।"

राष्ट्रवादी निष्ठा

"मैं भारत से अधिक प्रेम करता हूँ। यही एक राष्ट्रवादी की सच्ची निष्ठा है।"

राष्ट्रीय हित

"जब भी मेरे व्यक्तिगत हितों और समूचे देश के हितों के मध्य टकराव हुआ है, तब-तब मैंने देश के दावों को अपने निजी दावों से ऊपर रखा है।"

राष्ट्रीय सोच

"बुराई को समाप्त करते समय भी राष्ट्रीय सोच मस्तिष्क में रहनी चाहिए।"

साझी राष्ट्रीयता

"मेरी राय यह है कि आज समय की सबसे बड़ी माँग यह है कि जनता जनार्दन के मन में एक साझी राष्ट्रीयता की भावना उत्पन्न की जाए। ... इस आदर्श के चलते हमें ऐसा कुछ भी नहीं करना चाहिए जिससे स्थानीय.... वर्ग चेतना की भावना कट्टर हो।"

देश–सेवा

“यदि मैंने इस देश के लिए कोई लाभकारी, जिसे देशभक्तिमय कहा जा सके, सेवा की है, तो वह मैंने अपने भीतर की चेतना के कारण ही की है।”

●●●●

3

ग्रामों की महत्ता

“अभी लम्बे समय तक ग्रामों की महत्ता और व्यवस्था बनी रहने वाली है। इसलिए सामाजिक समानता की दिशा में ग्रामों के स्तर से ही कार्य करना होगा, वह इसलिए भी क्योंकि वर्तमान व्यवस्था की जड़ें वहीं मौजूद हैं।”

सहजीवन

“सहजीवन से प्रत्येक व्यक्ति जुड़ा होता है, और चूँकि उसके परिणामों का प्रभाव हर-एक पर पड़ता है, अतः प्रत्येक व्यक्ति को उसकी शर्तों को तय करने का अधिकार मिलना ही चाहिए।”

ग्राम-स्वच्छता

“ग्रामों को स्वच्छ बनाना, ताकि वे स्वास्थ्य के अनुकूल हो सकें; ग्रामों को आदर्श बनाना ताकि वे समान रूप से सबके, और गरीबों व दलितों के लिए विशेष रूप से, कल्याण व प्रगति का आधार बन सकें, केवल कुछ ही लोगों का उत्तरदायित्व नहीं है। इस कार्य के लिए सामूहिक प्रयास आवश्यक होंगे। सरकार इस कार्य में वांछित सहायता दे, यह भी आवश्यक होगा।”

ग्राम व अस्पृश्यता

“भारत गाँवों का देश है और जब तक ग्राम-प्रणाली में अस्पृश्यों को सरलतापूर्वक पहचाना जाता रहेगा, (तब तक) अस्पृश्यों को अस्पृश्यता से छुटकारा नहीं मिल सकता।”

••••

4

संघीय संविधान की विशेषता

"संघीय संविधान की एक विशेषता यह है कि यद्यपि संघ में सम्मिलित क्षेत्र विभिन्न इकाइयों में बँटा होता है, तथापि वे इकाइयाँ एकल क्षेत्र की स्थापना करती हैं।"

संविधान की कसौटी

"किसी संविधान को निश्चिततः किसी सूट की भाँति एकदम फिट होना चाहिए। जो संविधान फिट नहीं होता, वह संविधान हो ही नहीं सकता।"

संविधान पालन

"यदि संविधान आरोपित किया जाता है और इसे कोई एक वर्ग स्वीकार करता है तथा दूसरा वर्ग इसका विरोध करता है, तो देश में एक ऐसा तत्त्व उभरेगा, जो संविधान के प्रति शत्रुतापूर्ण दृष्टिकोण अपनाएगा और उसकी शक्ति संविधान को लागू करने की अपेक्षा उसे भंग करने में लग जाएगी।"

संविधान संरक्षण

"सहयोग के कारण ही हमें संविधान में कुछ ऐसे संरक्षण मिल गए, जो अन्य किसी उपाय से हमें नहीं मिल सकते थे।"

भावी संविधान

"ऐसा संविधान तैयार किया जाना चाहिए कि सभी न केवल उसका पालन करें, अपितु उसका सम्मान भी करें और सभी, अथवा सभी नहीं तो कम-से-कम राष्ट्रीय जीवन के सब महत्त्वपूर्ण तत्त्व इसको बनाए रखने के लिए तैयार रहें और इसका समर्थन करें।"

●●●●

5

कार्यपालिका का दायित्व

"कार्यपालिका का दायित्व किसी काम का नहीं रहेगा यदि किसी प्रान्तीय कार्यपालिका को प्रान्तीय विधायिका के अधीन न रखकर प्रान्त से बाहर किसी संस्थाधीन रखा जाए, अथवा अपने अधिकारों के प्रयोग के सम्बन्ध में प्रान्तीय विधायिका अपने क्षेत्र में सर्वोपरि न रहकर किसी अन्य के अधिकाराधीन हो जाए। दूसरे शब्दों में, उत्तरदायी शासन को स्वायत्तमय बनाने के लिए यह आवश्यक है कि प्रान्तीय और केन्द्रीय, दोनों, सरकारों के अधिकारों को स्पष्टतः निर्धारित कर दिया जाए।"

विधायिका के अधिकार

"यह आवश्यक है कि विधायिका को उसके कार्य संचालन के लिए समुचित रूप से आवश्यक, परन्तु एक हद तक अधिकार प्रदान किया जाए, ताकि वह बनी रहे और अपने लिए नियत कर्तव्यों का समुचित रूप से पालन कर सके।"

निर्वाचित सदन

"कोई भी निर्वाचित सदन, चाहे उस पर कार्यपालिका का कितना भी कठोर अंकुश क्यों न हो, पद के लिए सदन के किसी सदस्य की उम्मीदवारी को तभी स्वीकार करेगा, जब वह इस बात का अहसास करा दे कि उसके भीतर भाषण की कुछ क्षमता है; किसी विषय के निपटारे के लिए उसके पास कुछ कौशल है, उसके पास

कूट वाक्पटुता है, और इन सबसे बढ़कर कुछ ऐसी ठोस दूरदर्शिता है, जो आर्थिक और सामाजिक खुशहाली की तर्कसंगत नीति की नींव बन सकती है।"

विधान परिषद्

"मैं नहीं समझता कि प्रतिनिधित्व का गणितात्मक सिद्धान्त स्वीकार किया जा सकता है। यदि विधान परिषद् कोई चिड़ियाघर या अजायबघर होता, जहाँ एक निश्चित संख्या में हर प्रजाति के जीव रखे जाते हों, तो अल्पसंख्यक प्रतिनिधित्व के सिद्धान्त को सहन किया जा सकता था। लेकिन परिषद् कोई चिड़ियाघर या अजायबघर नहीं है।"

दोहरा शासन

"आलोचना के शिकार हुए दोहरे शासन को भारत में दोबारा अपनाने के बारे में राजनीतिक जीवन के समय सोचा भी नहीं जा सकता है।"

दोहरी व्यवस्था

"यदि पूर्व में दोहरी व्यवस्था सफल रही हो, तो वह भविष्य में भी सफल रहेगी, यह बात बिल्कुल भी तर्कसंगत नहीं हो सकती है।"

अव्यावहारिक प्रणाली

"दोहरी शासन प्रणाली अपने आप में अव्यावहारिक शासन प्रणाली है।"

दोहरेपन का दोष

"विषयों के विभाजन के कारण होने वाला दोहरापन ऐसा स्वाभाविक दोष है, जो दोहरे शासन को अव्यावहारिक बनाता है।"

आलोचना मुक्त शासन

"इसमें कोई संदेह नहीं है कि पूर्ण दोहरेपन वाला शासन, जिसमें दो पृथक-पृथक शासन और दो पृथक-पृथक विधायिकाएँ हों, उस आलोचना से मुक्त है, जो प्रचलित दोहरे शासन वाले दोहरेपन के बारे में की जाती है।"

न्यायसंगत व्यवस्था

"ऐसी व्यवस्था, जो समस्त जनता को दास बना देती है, उन्नति की भावना को दबा देती है और आगे बढ़ने का द्वार या मार्ग बन्द कर देती है, (तो) वह एक ऐसी व्यवस्था है, जिसे मेरी दृष्टि से कोई भी विवेकशील और संवेदनशील व्यक्ति स्वीकार नहीं करेगा, और न ही उसे न्यायसंगत ठहराएगा।"

••••

6

कानून का स्वरूप

"कानून, जहाँ तक भी संभव हो सके, अहिंसक होना चाहिए और आवश्यकता पड़ने पर ही उसका स्वरूप हिंसक बनना चाहिए।"

कानूनी समता

"कानून के समक्ष समता एक मूल्यवान वस्तु है, परन्तु सभी व्यक्ति उसे एक ही कारण के लिए मूल्यवान नहीं समझते। अधिकांश लोग उसे आदर्श के रूप में चरितार्थ करते हैं। कुछ ही व्यक्ति यह अनुभव कर पाते हैं कि वह जटिल क्यों है? कानून के समक्ष समता व्यक्तियों को इस बात के लिए बाध्य करती है कि वे उन लोगों के साथ उसे एक सामान्य मुद्दा बना लें, जो समान रूप से प्रभावित हुए हैं।"

कानून-व्यवस्था का महत्त्व

"कानून और व्यवस्था राष्ट्र के लिए एक प्रकार की औषधि है और जब राष्ट्र में विकार उत्पन्न हो जाएँ, तो इस औषधि का प्रयोग किया जाना चाहिए।"

कानून का सेवन

"यदि कानून और व्यवस्था रूपी औषधि का सेवन न कराया जाए, तो इसे समाज और सभ्यता के विरुद्ध अपराध समझा जाना चाहिए।"

मानवीय स्वतंत्रता

"चूँकि व्यक्तिगत क्षमताओं के प्रयोग के लिए सरकार सर्वाधिक महत्त्वपूर्ण क्षेत्र है, इसलिए यह लोकहित में होगा कि किसी भी व्यक्ति को सरकार की प्रक्रिया में सक्रिय रूप से भाग लेने के अवसर से वंचित न किया जाए।"

व्यक्तिगत स्वतंत्रता

"व्यक्ति स्वतंत्र रूप से उत्पन्न होते हैं तथा मृत्यु तक उनकी यही स्थिति बनी रहती है।"

स्वतंत्रता का राज

"अपनी गुलामी की जंजीरें आप स्वयं तोड़ें; इस कार्य के लिए किसी.... पर निर्भर होने की आवश्यकता नहीं है।"

स्वतंत्रता के लिए संघर्ष

"कोई दूसरा सच्चे दिल से क्या कभी हमारी पराधीनता को समाप्त करने का प्रयास करेगा? यदि आपका उत्तर हाँ में हो तो मैं आपसे पूछूँगा कि किस हद तक और कैसे? इसलिए अपनी स्वतंत्रता के लिए स्वयं संघर्ष करना ही सर्वोत्तम मार्ग है; और यदि स्वयं के बलिदान से स्वतंत्रता पाई जाती है, तो उसका कोई विकल्प भी नहीं है।"

7

सरकार का महत्त्व

"यदि आज हम एक सर्वमान्य राष्ट्र, राष्ट्रीयता की भावना एवं एकता की भावना का निर्माण करने के मार्ग पर चल रहे हैं, तो वह इस कारण कि हम सभी के लिए एक सरकार है। इसका कारण यह भी है कि हम अनुभव करते हैं कि हम एक ही सरकार के नागरिक हैं।"

जन-सरकार

"जन-सरकार के लिए दल एक अनिवार्य घटक होता है। (लेकिन) जन-सरकार के लिए एक ही दल का शासन घातक होता है।"

सार्थक सरकार

"कोई भी सार्थक सरकार, (या) कोई भी सरकार, जो अपने दायित्वों के प्रति गंभीर है, गरीबों से यह नहीं कह सकती कि वह उन्हें वे सुविधाएँ नहीं दे सकती, जिनके लिए उसे कर लगाना पड़े।"

द्विदलीय सरकार

"दो दलीय सरकार में ही सुरक्षा है। सरकार की समालोचना करने के लिए एक विरोध होना ही चाहिए। इसके अभाव में सरकार सरलता से तानाशाही का रूप ले सकती है।"

प्रतिनिधि सरकार

"प्रतिनिधि सरकार के औचित्य का तकाजा है कि यदि मताधिकार का ठीक-ठीक अर्थ लगाया जाए तो उसकी सीमा इतनी नीची हो कि उस तक समाज के निर्धन और दलित वर्गों के बहुसंख्यकों की पहुँच हो।"

अकर्मण्य सरकार

"गरीबों को सुविधाएँ न दे सकने वाली सरकार जितना शीघ्र हो सके, सत्ता छोड़ दे; इसी में भलाई (भी) है।"

लोकप्रिय सरकार

"लोकप्रिय सरकार का अर्थ केवल जनता के लिए सरकार से नहीं है, अपितु जनता की सरकार से भी है।

शासन व सरकार

"शासन के लिए कोई-न-कोई सरकार होनी ही चाहिए।... लोगों के अमन-चैन के लिए इसका भारी महत्त्व है। यही एकमात्र उपाय है, जिससे देश को अराजकता से बचाया जा सकता है...।"

लोकप्रिय सरकार की शर्त

"मात्र विचारों को प्रतिनिधित्व देना लोकप्रिय सरकार के गठन के लिए पर्याप्त नहीं है। उसको सच्चे अर्थ में चरितार्थ करने के लिए उसमें व्यक्तियों के प्रतिनिधित्व का होना भी आवश्यक है।"

सरकार व हित-रक्षा

"सरकार से बाहर रहने की अपेक्षा सरकार के भीतर रहकर मैं परिगणित जातियों के हितों की अधिक सेवा कर सकता हूँ।"

सुचारु सरकार के लिए

"सरकार के सुचारु रूप में संचालनार्थ, उन आधे-अधूरे दोषों को, जो वहाँ जड़ जमा लेते हैं, दूर करना होगा।"

सुदृढ़ सरकार

"जो सरकार सम्पूर्ण राष्ट्र की एकीकृत इच्छा के अनुरूप अभिव्यक्ति कर सकती हो और कार्य कर सकती हो, वास्तव में (वही) सबसे सुदृढ़ सरकार है।"

आपातकाल में सरकार

"आपातकाल में केवल एक सुदृढ़ सरकार पर क्रियाशील रहने के लिए भरोसा किया जा सकता है।"

सरकार का कर्तव्य

"समग्रतः सरकार का प्रथम कर्तव्य शान्ति और व्यवस्था बनाए रखना, शक्तिशाली से दुर्बल की रक्षा करना और यह देखना है कि समस्त समस्याओं के समाधान में प्रभावित अनेक व विभिन्न वर्गों के परस्पर विरोधी हितों पर समुचित ध्यान दिया जाए।"

उत्तरदायी संस्था

"सरकार एक उत्तरदायी संस्था है। वह जनमत के अधीन होती है।"

सरकार का दायित्व

"सरकार का मुख्य दायित्व यह है कि वह गरीबी की समस्या का समाधान करे। सरकार को यह देखना चाहिए कि वह ऐसे उपायों को अपनाए, जिनसे... अधिकांश लोग सुविधाओं के साथ रहने लगें, उन सुविधाओं के साथ जो...सभ्य कहे जाने वाले लोगों के लिए अति आवश्यक हैं।"

सरकार का उत्तरदायित्व

"यदि सरकार चाहती है कि लोग उसके लिए कार्य करें, तो यह नितान्त आवश्यक है कि वह (उन्हें) भुगतान किए जाने का उत्तरदायित्व अपने ऊपर ले।"

सरकार से अपेक्षा

"हमारी सरकार ऐसी होनी चाहिए जिसमें सत्ताधारी व्यक्ति एकबद्ध होकर अपनी सम्पूर्ण ऊर्जा देश के सर्वोत्तम हित में लगा सके। हमारी सरकार ऐसी होनी चाहिए जिसमें सत्ता में बैठे लोग, जहाँ अवज्ञा के साथ विरोध हुआ हो, वहाँ सामाजिक और आर्थिक जीवन के लिए आवश्यक न्याय की स्थापनार्थ कार्य करेंगे।"

केन्द्र सरकार

"केन्द्र सरकार की स्थिति के संबंध में जो मेरी अवधारणा है, उसके अनुसार मैं ऐसे संबंधों को मानने के लिए तैयार नहीं हूँ जैसे कि अमेरिका के संविधान में पाए जाते हैं, जिसमें केन्द्रीय सरकार एक राष्ट्रकुल और साथ ही राष्ट्रकुलों का एक संघ है।"

अमेरिकी केन्द्रीय सरकार

"अमेरिका की केन्द्रीय सरकार राज्यों की सृष्टि है। राज्यों ने ही उसे अस्तित्व प्रदान किया है। अतः उनके बल पर ही वह टिकेगी और उनके साथ ही वह गिरेगी।"

सरकार की आलोचना

"कोई भी सरकार आलोचना से मुक्त नहीं होनी चाहिए।"

●●●●

8

दलीय संगठन

"संगठन के अभाव में ही कोई दल विफल होता है।"

असंगठित दल

"जो दल संगठित प्रयास करने में असफल रहता है, उसे स्वयं को दल कहने का कोई अधिकार नहीं होता है।"

राजनीतिक दल से संबद्धता

"किसी राजनीतिक दल में केवल उसके अनुयायी बनकर सम्मिलित होने से कोई (भी) लाभ नहीं होगा।"

दल और सरकार

"सरकार चलाने के लिए दल अनिवार्य होता है, किन्तु सरकार निरंकुश न हो जाए, इस हेतु दो दलों का होना अनिवार्य है।"

एक दलीय सरकार

"एक दलीय जन-सरकार को चलने देना लोकतंत्र को परोक्ष रूप से तानाशाही बनने की अनुमति देना है।"

दो दलीय सरकार

"एक लोकतांत्रिक सरकार तभी लोकतांत्रिक रह सकती है, जब वहाँ दो दल हों, अर्थात सत्तारूढ़ दल और दूसरा विरोधी दल।"

दलीय कार्य

"सिद्धान्त रूप में राजनीतिक दल जनमत की अभिव्यक्ति और कार्यान्वयन के माध्यम होते हैं, परन्तु व्यवहार में दल जनमत तैयार करते हैं, उसका मार्गदर्शन करते हैं, उसे प्रभावित करते हैं, और प्रायः उसका नियंत्रण करते हैं।"

बहुमत का तथ्य

"जो लोग बहुमत के शासन पर निर्भर करते हैं, वे प्रायः बहुमत के प्रकार के तथ्य को भूल जाते हैं।"

••••

9

प्रजातंत्र का महत्त्व

“प्रजातंत्र मानवीय संबंधों के लिए आवश्यक है। इसलिए यह सुनिश्चित करना होगा कि प्रजातंत्र इस पृथ्वी से समाप्त न हो।”

प्रजातांत्रिक सभ्यता

“प्रजातांत्रिक सभ्यता को बनाए रखना जरूरी है। यदि जनतंत्र मरता है तो यह अभिशाप ही होगा।”

राजनीतिक लोकतंत्र

“जब तक हम सभी बहुमत के शासन को मूल कार्यकारी सिद्धान्त स्वीकार नहीं करते, तब तक राजनीतिक लोकतंत्र नहीं आ सकता है।”

अनभिज्ञ लोकतंत्र

“अनभिज्ञ लोकतंत्र के भाग्य के सम्बन्ध में विचार करना चिन्तनीय है, क्योंकि ऐसा लोकतंत्र विद्वत्ता और अनुभव द्वारा दिखाए गए मार्ग का अनुसरण नहीं करता और रहस्यवादियों तथा महत्त्वाकांक्षियों के अंधकारपूर्ण मार्ग में टटोलकर चलना पसन्द करता है।”

प्रजातंत्र में बलिदान

“प्रजातंत्र की स्थापना के लिए बलिदान की आवश्यकता नहीं, यह बात नहीं है। इसके लिए बलिदान की सबसे अधिक आवश्यकता होती है।”

प्रजातंत्र में राजनीतिक दल

“प्रजातंत्र में राजनीतिक दल अति महत्त्वपूर्ण है, लेकिन उसके पास एक सक्षम नेता हो, कार्यक्रम व अनुशासन के प्रति वचनबद्धता हो, तभी उसे सफलता प्राप्त हो सकती है।”

बहुमत और लोकतंत्र

“बहुमत के सिद्धान्त से लोकतंत्र के संचालन का कार्य भले ही किया जाता हो, और इसे दुनिया में कितना भी कारगर या श्रेष्ठ क्यों न माना जाता हो, इस सिद्धान्त को बुराइयों से परे नहीं माना जा सकता।”

बहुमत की वास्तविकता

“बहुमत का सदैव निर्माण, खण्डन और पुनर्निर्माण किया जाता है।”

राजनीतिक बहुमत

“कोई भी राजनीतिक बहुमत स्थिर या स्थायी नहीं होता है।”

साम्प्रदायिक बहुमत

“साम्प्रदायिक बहुमत स्थायी और इसका दृष्टिकोण स्थिर होता है।”

●●●●

10

मताधिकार का महत्त्व

"जो व्यक्ति जितना गरीब है, उतनी ही अधिक आवश्यकता उसे मताधिकार देने की है।"

सहजीवन एवं मताधिकार

"सहजीवन की शर्तों को तय करने के अतिरिक्त मताधिकार का कोई दूसरा अर्थ (मेरी दृष्टि में) हो ही नहीं सकता है।"

मताधिकार व्यवस्था

"मताधिकार ऐसी व्यवस्था का प्रतीक है, जिसमें उन शर्तों के नियमन में सीधी तथा सजग साझेदारी हो, जिस पर सहजीवन आधारित होगा और कल्याण का झण्डा लहराया जाएगा।"

लोकतंत्र व पृथक निर्वाचन

"भारत में लोकतंत्रात्मक शासन प्रणाली लागू करने के लिए प्रतिनिधित्व की जो योजना बनाई जाए उसमें पृथक निर्वाचन-क्षेत्रों के लिए कोई भी स्थान नहीं होना चाहिए।"

वयस्क मताधिकार

"वयस्क मताधिकार का समर्थन न केवल राजनीतिक न्याय ही, अपितु राजनीतिक औचित्य भी करता है।"

वयस्क मताधिकार प्रणाली

"वास्तव में केवल वयस्क मताधिकार ही वह प्रणाली है जो मताधिकार शब्द के सही अनुरूप हो सकती है।"

मानवाधिकार प्राप्ति

"अपनी चेतना के बल पर मैं अपने लोगों के मानवाधिकारों को प्राप्त करने हेतु संघर्षरत रहा हूँ, और ऐसा करते समय देश को किसी प्रकार की हानि पहुँचाने की मेरी भावना नहीं रही है।"

समानाधिकार

"भोजन, वस्त्र और मकान प्राप्त करना आपका जन्मसिद्ध अधिकार है और वह भी समान रूप में।"

अधिकारों के लिए संघर्ष

"मानवाधिकारों के संरक्षणार्थ अनेक महान लोगों ने कर्तव्यनिष्ठ होकर अपने को न्यौछावर किया। किसी महान कार्य हेतु युवा होने से पूर्व ही मर जाना अच्छा है, एक ऐसे ओक की भाँति जो कुछ करता ही नहीं है।"

विस्तृत मताधिकार

"वास्तव में विस्तृत मताधिकार वह आधार है जिस पर स्वराज्य का भवन खड़ा होना ही चाहिए। हमारी कोई इच्छा नहीं है कि हमारे सुधारों की परिणति केवल यह हो कि हम नौकरशाही के स्थान पर अल्पतंत्र के हाथ में सत्ता सौंप दें।"

पृथक निर्वाचन का औचित्य

"प्रत्येक समाज में जमींदारों, पूँजीपतियों और पुरोहितों का बहुत प्रभाव है, परन्तु इस बात को किसी ने स्वीकार नहीं किया है कि इन वर्गों को अत्यधिक प्रतिनिधित्व दिया जाए। इसलिए यह बात बेतुकी है कि मुसलमानों का दावा स्वीकार करके उन्हें प्रतिनिधित्व दिया जाए।"

पृथक निर्वाचन से हानि

"मैं पृथक निर्वाचन-क्षेत्रों के आधार पर मुसलमानों को प्रतिनिधित्व दिए जाने का विरोधी हूँ। क्षेत्रीय निर्वाचन-क्षेत्र और पृथक निर्वाचन-मण्डल वे दो चरम सीमाएँ हैं, जिनसे बचना ही होगा।"

पृथक निर्वाचन व मुसलमान

"भारत ही एकमात्र ऐसा देश नहीं है जहाँ मुसलमान अल्पसंख्यक हैं। ऐसे अन्य देश भी हैं जहाँ उनकी ऐसी ही स्थिति है। लेकिन वहाँ मुस्लिम सम्प्रदायों ने साम्प्रदायिक निर्वाचक-मण्डलों की आवश्यकता पर बल नहीं दिया है। राजनीतिक इतिहास के सारे अध्येता यह जानते हैं कि इन देशों के मुसलमानों ने पृथक निर्वाचक-मण्डलों के बिना काम चलाया है।"

निर्वाचन सम्बन्धी प्रतिकूल दावा

"केवल मुसलमान ही ऐसा वर्ग नहीं है जो कभी शासक रहा हो और उसकी स्थिति में ह्रास आया हो। कनाडा में फ्राँसीसियों और दक्षिण अफ्रीका में डचों के भी ऐसे ही उदाहरण हैं, जहाँ एक

शासक-वर्ग शासित-वर्ग बन गया है। परन्तु न तो फ्रांसीसियों ने कनाडा में और न ही डचों ने दक्षिण अफ्रीका में अनापशनाप प्रतिनिधित्व की माँग की है, ताकि (उसके बल पर) वे शासकों की अपनी पूर्व की स्थिति को बनाए रख सकें, तथा न ही संसार के अन्य देशों के मुस्लिम अल्पसंख्यकों को ऐसी रियायतें दी गई हैं। अल्बानिया, रोमानिया, यूनान और बुलगारिया के मुस्लिम अल्पसंख्यक भी कभी शासक रहे थे। तो भी उन देशों में से किसी भी देश में उन्होंने ऐसे असाधारण प्रतिनिधित्व की माँग नहीं की है। मुसलमानों का प्रभावानुसार प्रतिनिधित्व का दावा न तो कभी सुना गया और न ही वह किसी प्रतिनिधि सरकार के अनुकूल है।”

••••

11

राजनीति का मूल

"यथार्थवादिता ही राजनीति का मूल है। इसमें शास्त्रीयता का तत्त्व नगण्य है।... किसी भी राजनीतिक योजना पर निर्णय लेने से पहले हमारे लिए यह आवश्यक है कि हम बुनियादी खाके पर विचार करें।"

राजनीतिक संरचना

"राजनीतिक संरचना सामाजिक संरचना पर ही टिकी होती है।... सामाजिक ढाँचे का राजनीतिक ढाँचे पर गहरा प्रभाव पड़ता है।"

राजनीति और राष्ट्रीय नेतृत्व

"राजनीति मेरे लिए प्रथम प्रेम नहीं है और न (ही) मैं राष्ट्रीय नेतृत्व को अपने जीवन का लक्ष्य मानता हूँ।"

राजनीति में पंचशील

"राजनीति में पंचशील के लिए कोई स्थान नहीं है, और फिर किसी साम्यवादी देश की राजनीति में तो कतई भी नहीं है। साम्यवादी देश सदा दो सिद्धान्तों के आधार पर कार्य करते हैं। प्रथम नैतिकता परिवर्तनीय है; दूसरे शब्दों में नैतिकता कोई बँधा हुआ नियम नहीं है। आज की नैतिकता कल नहीं रह सकती। एशिया युद्ध-क्षेत्र बन चुका है। अब आधे से अधिक एशिया साम्यवादी है। इसने सरकार और

सामान्य जीवन के लिए भिन्न सिद्धान्त को अपनाया है। इसलिए, यदि हम स्वतंत्रता मे विश्वास रखते हैं, तो यही अच्छा होगा कि हम अपने आप को स्वतंत्र राष्ट्रों के साथ जोड़ें।"

राजनीतिज्ञ

"एक राजनीतिज्ञ केवल राजनीति का ही कार्य नहीं करता, अपितु वह विशेष विश्वास का भी प्रतिनिधित्व करता है, जिसके अन्तर्गत राजनीति के तौर-तरीके तथा सिद्धान्त शास्त्र-दोनों ही-आते हैं।"

राजनीतिक लाभ का औचित्य

"जब कभी कोई समुदाय सशक्त हो जाता है तथा कुछ राजनीतिक लाभ माँगता है, तो उसे कुछ रियायतें दे दी जाती हैं, ताकि उसकी सद्भावना प्राप्त हो जाए। (ऐसा करते समय) उसके दावे की न्यायिक जाँच नहीं की जाती, और न ही गुणों के आधार पर कोई निर्णय हो पाता है। इसका परिणाम यह होता है कि माँगों की न तो कोई सीमा रहती है और न ही रियायतों की।"

●●●●

12

तानाशाही

"तानाशाह का चयन यदि चुनाव द्वारा किया जाए तो यह तानाशाही के विरुद्ध प्रत्याभूति नहीं है। तानाशाही के विरुद्ध वास्तविक प्रत्याभूति यही है कि उसे सत्ता से हटाने के लिए उसका मुकाबला किया जाए....।"

तानाशाह

"एक तानाशाह प्राचीनकाल के सम्राटों के समान कुछ व्यक्तियों के एक के बाद दूसरे दाँत उखाड़ देता है और अन्य व्यक्तियों के क्रोध को उत्तेजित किए बिना ही ऐसा कर लेता है।"

तानाशाही और स्वतंत्रता

"तानाशाही और स्वतंत्रता के मध्य साँप और नेवले जैसा बैर होता है, भले ही तानाशाही देशी हो अथवा विदेशी।"

तानाशाही बनाम स्वतंत्रता

"जो व्यक्तिगत स्वतंत्रता में विश्वास रखते हैं, वे तानाशाही का कड़ा विरोध करते हैं और स्वतंत्र समाज के लिए संसदीय लोकतंत्र का उचित शासन-प्रणाली के रूप में आग्रह करते हैं, क्योंकि वे ऐसा अनुभव करते हैं कि व्यक्ति की स्वतंत्रता संसदीय लोकतंत्र के अन्तर्गत ही सम्भव है, न कि तानाशाही के अन्तर्गत।"

••••

13

गुरु व शिष्य

"शिष्य अपने गुरु से केवल मार्गदर्शन प्राप्त करता है। वह अपने गुरु के निष्कर्षों को स्वीकार करने के लिए बाध्य नहीं है। अपने गुरु के सिद्धान्तों या निष्कर्षों को अस्वीकार करने में शिष्य की कोई कृतघ्नता नहीं होती।"

सत्यमयी शिक्षा

"सही शिक्षा वह है जिससे विद्यार्थी यह अन्तर करना सीखे कि सही ढंग से तथ्यपूर्ण मामला क्या है और मात्र विचारपूर्ण मामला क्या है? उसे मूल प्रश्नों के विभेद की जानकारी होनी चाहिए और बिना किसी पूर्व प्रचलित सिद्धान्त के प्रत्येक प्रश्न को गुणों के अनुसार जानने की क्षमता उसमें उत्पन्न होनी चाहिए।"

शिक्षा व अस्तित्व

"शिक्षा के बिना अस्तित्व (प्रायः) संभव नहीं है।"

सच्चा अध्यापक

"अध्यापक, सच्चे अर्थों में, वही हो सकता है, जो स्वयं अध्ययन में ईमानदार रहा हो। जो स्वयं अध्ययन प्रक्रिया में ईमानदार और निष्पक्ष दृष्टिकोण धारक न रहा हो, उससे कैसे आशा की जा सकती है कि वह अध्यापन कार्य करते समय ईमानदारी बरतेगा, और उसका अध्यापन निष्पक्ष होगा?"

आचार्य की योग्यताएँ

"किसको आचार्य बनना चाहिए? आचार्य की क्या योग्यताएँ होनी चाहिएँ? इन प्रश्नों पर अति प्राचीनकाल से ही चर्चा होती रही है, और इसका परिणाम ही किसी आचार्य की नियुक्ति का अन्ततः आधार बना है, लेकिन परिणाम का यह स्वयंभू आधार ठोस रहा या नहीं, यह बात दूसरी है।"

अध्यापक की महत्ता

"अध्यापकवर्ग का देश के जीवन में अति महत्त्वपूर्ण स्थान होता है, अतः आवश्यक है कि इस वर्ग का चयन अति सावधानी से किया जाए। यह इसलिए भी आवश्यक है, क्योंकि समाज में सुधार का महत्त्वपूर्ण कार्य भी अध्यापकों को करना होता है। ऐसे में, यदि अध्यापक बड़ी सोच के न होकर संकीर्ण मनोवृत्ति के हों और समाज की समानता का ख्याल उन्हें न हो, तो वे सुधार कार्य में सक्षम नहीं होंगे।"

महत्त्वाकांक्षी शिक्षाविद्

"यह आवश्यक है कि महत्त्वाकांक्षी शिक्षाविदों को सभी प्रकार से अविकसित शहरों में व्यक्तिगत स्वायत्त महाविद्यालय खोलने से रोका जाए।"

आचार्य व दासता

"जिस प्रोफेसर को दास की भाँति कार्य करना पड़ता है, वह कभी भी सच्चे अर्थों में अध्यापक नहीं बन सकता। वह एक साधारण

कर्मचारी ही बन सकता है, और वह तैयार कुंजी की सहायता से ही अपना कार्य करेगा। हम उससे मौलिकता की कोई आशा नहीं रख सकते और वह उन विद्यार्थियों को, जिनको दुर्भाग्यवश उससे पढ़ना पड़ रहा है, कोई प्रेरणा नहीं दे सकता। ऐसे में सारा शिक्षण मात्र एक यांत्रिक प्रक्रिया बनकर रह जाता है।"

शिक्षा–लाभ

"शिक्षा ही सबसे बड़ा भौतिक लाभ है।"

लाभकारी शिक्षा

"यदि उच्च शिक्षा को लाभप्रद और उसके अर्थ के अनुकूल बनाना है, तो पूर्ण प्रयास करना होगा कि वह केवल धनी वर्ग तक ही सीमित न रहे। यह आवश्यक है कि उच्च शिक्षा इतनी सस्ती बनाई जाए कि वह गरीबों की पहुँच से बाहर न हो और वह हर प्रकार से उनके लिए सुलभ हो सके।"

नियंत्रणमुक्त शिक्षा

"शिक्षा के क्षेत्र में वास्तविक उन्नति के लिए यह आवश्यक है कि उसे कुछ–एक लोगों, अथवा किसी वर्ग विशेष के लोगों के नियंत्रण से बाहर निकाला जाए।"

मौलिक विद्यार्थी

"विश्वविद्यालय का एक मौलिक विद्यार्थी बनने के स्थान पर वास्तव में शिक्षार्थी को उन स्थितियों के प्रति अन्तर्दृष्टि प्राप्त करनी चाहिए, जिसमें मौलिक अनुसंधान किया जा रहा है। विद्यार्थी को तथ्यों

की पहचान करना आना चाहिए, उनका अनुगमन करना और तर्क-वितर्क के आधार पर विवेचना करना और अपनी नैतिकता को स्थापित करना आना चाहिए।"

छात्र का कर्तव्य

"विद्यार्थी को चाहिए कि वह सही और सहानुभूतिपूर्वक ढंग से उन बातों को जाने, जिनके बारे में व्यावहारिक निष्कर्षों का वह तीव्रतापूर्वक विरोध करता रहा है। विद्यार्थी में किसी सुनाई गई बात के परीक्षण की योग्यता होनी चाहिए व उसे त्यागने तथा स्वीकारने से पूर्व उसके प्रतिफल को भी उसे जानना चाहिए।"

छात्रवृत्ति

"मेरे अनुभव बताते हैं कि छात्रवृत्ति देने की जो पद्धति है, वह वास्तव में सरकारी धन की बरबादी है।"

छात्रवृत्ति की वास्तविकता

"दलितवर्ग के बच्चों के माता-पिता इतने दीन और अनभिज्ञ हैं कि वे यह नहीं समझ पाते कि सरकार द्वारा दी गई सहायता वास्तव में उनके बच्चों को शिक्षित बनाने के लिए है। वे छात्रवृत्ति को अपने व्यय को पूर्ण करने वाली सहायता के रूप में लेते हैं। छात्रवृत्ति बच्चे के काम नहीं आती, जो उसका वास्तविक उद्देश्य है।"

छात्रवृत्ति का लक्ष्य

"छात्रवृत्ति से छात्र अपने लक्ष्य तक कभी नहीं पहुँच सकता।"

विश्वविद्यालय की शिक्षा

"विश्वविद्यालय की शिक्षा का उद्देश्य और कार्य ऐसे होने चाहिएँ जिनसे पता चले कि वहाँ दी जाने वाली शिक्षा वयस्कों के लिए उपयुक्त है। साथ ही, विश्वविद्यालय का अपना चरित्र वैज्ञानिक, निष्काम और पक्षपात रहित हो; इसका उद्देश्य विद्यार्थी के मस्तिष्क में केवल तथ्य और सिद्धान्तों को भरना ही नहीं होना चाहिए, अपितु उसके व्यक्तित्व और मानसिक स्थिति को सुदृढ़ करना होना चाहिए। यह सुनिश्चित किया जाए कि इसकी शिक्षा विद्यार्थी को समीक्षात्मक अध्ययन का आदी बनाए और उसके मस्तिष्क में एक सम्पूर्णता का स्तर बनाए, और उसे कठिनाई की दिशा से जूझते हुए सत्य तक पहुँचने का अर्थ प्रदान करे।"

विश्वविद्यालय का अस्तित्व

"मेरी दृष्टि से किसी भी सभ्य देश में कोई भी विश्वविद्यालय अपने अस्तित्व को केवल परीक्षाओं की समस्याओं को हल करने और उपाधियाँ देने के कार्य करने के आधार पर ही न्यायोचित नहीं ठहरा सकता।"

सम्पूर्ण विश्वविद्यालय

"विश्वविद्यालय को सम्पूर्ण विश्वविद्यालय बनाने के लिए इसमें अभियांत्रिकी, कृषि, ललित कला, प्रौद्योगिकी और संगीत के संकाय होने चाहिएँ।"

विश्वविद्यालय का मूलभूत कार्य

"(किसी भी) विश्वविद्यालय के मूलभूत कार्यों में से एक कार्य आवश्यकता रखने वाले और गरीबों को उच्चतम शिक्षा की सुविधाएँ प्रदान कराना है।"

विश्वविद्यालय का कार्य

"विश्वविद्यालय केवल प्रसारण का (ही) माध्यम नहीं हो सकते हैं।"

विश्वविद्यालय का अधिकार

"व्यावहारिक रूप में विश्वविद्यालय के पास कॉलिजों की कार्य-प्रणाली में संशोधन करने का कोई अधिकार नहीं है।"

विश्वविद्यालय व पुस्तकालय

"किसी प्रथम श्रेणी के पुस्तकालय की संबद्धता के बिना कोई विश्वविद्यालय कार्य नहीं कर सकता है।"

विश्वविद्यालय का प्रबन्धन

"शिक्षा के उद्देश्य और कार्यों को पूर्ण करने की स्थिति में आने से पहले, विश्वविद्यालय का प्रबंधन इस प्रकार का होना चाहिए कि वह वास्तव में एक ऐसी ज्ञान-स्थली बन सके, जहाँ विद्वत्तजनों का मनुष्यों के प्रशिक्षण के लिए और ज्ञान की उन्नति तथा विस्तार के लिए परिश्रममय साहचर्यभाव बने।"

विश्वविद्यालय का स्तर

"विश्वविद्यालय का स्तर बहुत कुछ इस बात पर निर्भर करता है कि उच्च विद्यालयों से उसे किस प्रकार की सामग्री प्राप्त होगी। वास्तव में, सही स्तर की मानसिक सम्पदा पाना प्रत्येक विश्वविद्यालय की समस्या है।"

विश्वविद्यालय की सफलता

"विश्वविद्यालय की सफलता के लिए आवश्यक है कि ज्ञान की उन विभिन्न शाखाओं को एकत्रित किया जाए, जिन्हें विद्यार्थी लेना चाहते हैं।"

विश्वविद्यालय का ध्येय

"किसी भी विश्वविद्यालय को अनुसंधान कार्यों या उच्च शिक्षा को प्रोत्साहन देने में सफलता नहीं मिल सकेगी, यदि वह परीक्षा को ही अपने अस्तित्व का एकमात्र लक्ष्य या ध्येय मान लेता है।"

विश्वविद्यालय का स्वरूप

"विश्वविद्यालय को एक केन्द्रीयकृत संस्था होना चाहिए। यदि एक नया विश्वविद्यालय खोलने की योजना हो तो यह संबद्ध महाविद्यालयों के संघठक के रूप में कार्य करने वाले विश्वविद्यालय की भाँति हो।"

••••

14

गवर्नर की स्थिति

"गवर्नर, या शासन-तंत्र के कुशल संचालन की दृष्टि से गवर्नर की ऐसी स्थिति जिसमें उसे एक तानाशाह, और संवैधानिक प्रमुख की दोहरी भूमिका निभानी पड़े, कोई अच्छी स्थिति नहीं है।"

गवर्नर की शक्ति

"गवर्नर को संवैधानिक प्रमुख बनाने के लिए आवश्यक है कि उसकी प्रमाणन और निलम्बन की शक्तियाँ ले ली जाएँ।"

गवर्नर की असंलग्नता

"गवर्नर को न तो कार्यपालिका का भाग होना चाहिए और न ही उसे इसकी अध्यक्षता का अधिकार होना चाहिए।"

मंत्री का जीवन

"देश के मंत्रियों को, जो देश के प्रथम नागरिक हैं, सुसंस्कृत जीवन-यापन करना चाहिए; उन्हें कला का सम्मान करना चाहिए, विद्वत्ता का सम्मान करना चाहिए और अन्य लोगों के समक्ष एक आदर्श प्रस्तुत करना चाहिए।"

मंत्री का वेतन

"एक मंत्री के वेतन के निर्धारणार्थ ये चार सिद्धान्त अपनाए जाने चाहिएँ : मंत्रियों का सामाजिक स्तर, क्षमता, लोकतंत्र और सत्यनिष्ठा व प्रशासन की स्वच्छता।"

मंत्री की स्थिति

"मंत्री जनमत के ज्वार-भाटे से डावाँडोल होता रहता है; वह साम्प्रदायिक पूर्वाग्रहों से प्रभावित हो सकता है, भले ही वह किसी भी धर्म (सम्प्रदाय) से जुड़ा क्यों न हो?"

••••

15

न्याय की आशा

"ऐसा जन-समुदाय जो जातिवाद से जकड़ा हुआ हो, प्राचीन पूर्वाग्रहों से ग्रस्त हो, और जो समानता के भाव का उपहास करता हो, जो सामाजिक भेदभाव की भावना से प्रभावित हो, तथा जो यह सोचता हो कि एक व्यक्ति उच्च है, जबकि दूसरा निम्न, तो ऐसे में उससे सहज न्याय की आशा कैसे की जा सकती है?"

न्याय हेतु बलिदान

"(न्याय के साथ) अधिकारों को प्राप्त करने के लिए, हृदय से तैयार होने के साथ-साथ अपने सिर बलिदान करने की भी तैयारी रखनी चाहिए।"

न्यायपूर्ण समानता

"न्यायपूर्ण समानता चाहने वाले स्वीकार करते हैं कि इसके अन्तर्गत उन लोगों को, जिनका स्तर समाज में बहुत निम्न है, ऊपर उठाना है; उन लोगों को उच्च सामाजिक-आर्थिक स्तर वालों के समान बनाने का प्रयास करना है। जब तक स्तर की बराबरी नहीं होती, तब तक समानता सच्चे अर्थों में स्थापित नहीं हो सकती है। समानता, वास्तव में, सब स्तरों पर समानता होती है, किसी एक या कुछ स्तरों पर ही समानता नहीं होती।"

समानता

"छोटे-बड़े के आधार पर निर्धारित होने वाले अवसरों की नीति का अन्त होना चाहिए; समानता ही अब आधारभूत सिद्धान्त बनना चाहिए।"

समानाधिकार

"भोजन, वस्त्र और मकान प्राप्त करना आपका जन्मसिद्ध अधिकार है, और वह भी समान मात्रा में।"

न्यायपालिका के गुण

"न्यायपालिका जिन तीन गुणों से युक्त होनी चाहिए, उनमें प्रथम यह है कि वह कानून में प्रशिक्षित हो। अन्य गुण हैं : वह अपने दृष्टिकोण में निष्पक्ष हो तथा वह स्वतंत्र हो।"

न्याय व न्यायाधीश

"हम न केवल न्याय चाहते हैं, अपितु ऐसे न्यायाधीश चाहते हैं, जो अपने कर्तव्य निभाने में कुशल हों।"

••••

16

मानवीय जीवन-दर्शन

“मनुष्य के जीवन का दर्शन होना चाहिए; प्रत्येक के जीवन में व्यवहार का, व उसके रहने का स्तर होना चाहिए। जीवन-दर्शन एक स्तर के अतिरिक्त और कुछ नहीं है....।”

सद्‌जीवन के तत्त्व

“विधि की एक समान प्रणाली, प्रशासन की समान प्रणाली और एकता की भावना रखना सद्‌जीवन के सारभूत तत्त्व हैं।”

व्यवहार प्रधान जीवन

“निश्चय से ही व्यवहार-प्रधान जीवन की अनिवार्य अपेक्षाओं के लिए किसी एक साध्य को सर्वोपरि महत्त्व देना ही होगा, परन्तु ऐसा करते हुए हमें यह सावधानी रखनी होगी कि अन्य साध्यों की बलि न चढ़ जाए।”

सार्थक जीवन

“जीवन को पवित्र और अमर तभी बनाया जा सकता है जब अन्तिम सत्य के लिए उसका बलिदान किया जाए। उसे देश के लिए न्यौछावर कर दिया जाए।”

परनिर्भरता

“दूसरे पर निर्भर जीवन या कौवे की भाँति का हजार वर्ष का जीवन कभी भी वैभवकारी या वास्तविक जीवन नहीं हो सकता।”

सामाजिक दर्शन के आधार

“मेरा सामाजिक दर्शन, संक्षेप में, तीन शब्दों-स्वतंत्रता, समानता

और भाईचारे-में देखा जा सकता है; मैंने इसे कहीं से उधार नहीं लिया है। मेरे दर्शन की जड़ें धर्म में हैं, न कि राजनीति विज्ञान में। इसे मैंने अपने (गुरु) अध्यापक (महान) बुद्ध की शिक्षाओं से पाया है।"

सच्चा बुद्धिजीवी

"संकीर्ण सोच वाला और कोई भी निजी हित साधक सच्चा बुद्धिजीवी नहीं हो सकता।"

बुद्धिजीवी वर्ग

"बुद्धिजीवी वर्ग वह है, जो दूरदर्शी होता है, परामर्श दे सकता है और नेतृत्व प्रदान कर सकता है। किसी भी देश की अधिकांश जनता विचारशील एवं क्रियाशील जीवन व्यतीत नहीं करती। ऐसे लोग प्रायः बुद्धिजीवी वर्ग का अनुसरण और अनुगमन करते हैं। यह कहने में कोई अतिशयोक्ति नहीं होगी कि किसी देश का सम्पूर्ण भविष्य उसके बुद्धिजीवी वर्ग पर निर्भर करता है। यदि बुद्धिजीवी वर्ग ईमानदार, स्वतंत्र एवं निष्पक्ष है, तो उस पर यह भरोसा किया जा सकता है कि संकट की घड़ी में वह पहल करेगा और उचित नेतृत्व प्रदान करेगा। यह ठीक है कि प्रज्ञा अपने आप में कोई गुण नहीं है। यह केवल साधन है और साधन का प्रयोग उस लक्ष्य पर निर्भर है, जिसे एक बुद्धिमान व्यक्ति प्राप्त करने का प्रयत्न करता है। बुद्धिमान व्यक्ति भला हो सकता है, लेकिन साथ ही वह दुष्ट भी हो सकता है। भला होने की स्थिति में बुद्धिजीवी वर्ग उच्च विचारों से युक्त व्यक्तियों का एक दल हो सकता है, जो सहायता करने के लिए तैयार रहता है और पथभ्रष्ट लोगों को सही रास्ते पर लाने के लिए (भी) तैयार रहता है।"

••••

17

कर्मश्रेष्ठ

"युद्ध जैसी उग्रता के साथ कर्म करना कहीं अच्छा है, विपरीत इसके कि निठल्लों की भाँति हाथ-पर-हाथ रखकर बैठा जाए; जब हम कर्म करेंगे, केवल तभी हम सुचारु रूप से कर्म करने की आशा कर सकते हैं।"

कर्म की महत्ता

"कर्म-सिद्धान्त को किसी भी दशा में नकारा नहीं जा सकता। कर्म के बिना जीवन ही उद्देश्यहीन बन जाएगा, इसलिए मैं सदैव कर्म करने का पक्षधर रहा हूँ और अपनों को मैंने यही संदेश दिया है कि कभी भी कर्महीन न बनें।"

महान व्यक्ति

"एक महान व्यक्ति को सामाजिक उद्देश्य की गतिशीलता से प्रभावित होना चाहिए और उसे समाज के अंकुश तथा अपमार्जक के रूप में कार्य करना चाहिए।"

महापुरुष की पहचान

"कोई भी महापुरुष वास्तव में अपने सिद्धान्तों या निष्कर्षों को अपने शिष्यों पर थोंपकर उन्हें पंगु नहीं बनाता। महापुरुष अपने शिष्यों पर अपने सिद्धान्त को थोंपने के बजाए उनका आह्वान करता है और उनकी विभिन्न क्षमताओं को जागृत करके उन्हें कर्मठ बनाता है।"

महापुरुषों के पश्चाताप

"भावी पीढ़ियाँ महान पुरुषों के अन्तिम वचनों और अन्तिम पश्चातापों में सदैव रुचि लेती हैं। परन्तु (स्मरण रखना चाहिए कि) महान पुरुषों के अन्तिम पश्चाताप सदैव महत्त्वपूर्ण होते हैं, और वे मनन करने योग्य होते हैं।"

●●●●

18

सहयोग श्रेष्ठ

"मैं केवल विरोध के लिए ही विरोध करने में विश्वास नहीं रखता हूँ। जहाँ सहयोग के साथ कुछ प्राप्त हो सके, वहाँ हमें सहयोग की भावना रखनी ही चाहिए।"

भले के लिए समझौता

"अपने विचारों के विपरीत लोगों से, अपनी कार्य पद्धति के विपरीत कार्य पद्धति वाले लोगों से और अपनी योजनाओं के विपरीत अन्य योजनाएँ रखने वालों के साथ भी यदि मैंने समझौते किए हैं, अथवा उनके साथ मिलकर यदि काम करना मैंने पसन्द किया है, तो वह केवल इसीलिए कि ऐसा करने से मेरे मिशन को न्यूनाधिक लाभ पहुँचे और मेरे अपनों का कुछ तो भला हो।"

ज्ञानेच्छुक के साथ सहयोग

"ऐसे व्यक्ति के साथ, जो ज्ञान को आवश्यक मानता है और उसके अर्जन में आने वाली कठिनाइयों को समझता है, जुड़ने में मुझे प्रसन्नता होती है।"

एकजुटता

"सामान्य शासनादेश से उत्पन्न होने वाली सामान्य निष्ठा से ही एकजुटता आ सकती है।"

सामुदायिक एकता

"यदि समस्त सम्प्रदायों को एकता के स्तर पर लाना हो, तो इसका एकमात्र उपचार है उन लोगों, जो स्तर से नीचे हैं, के साथ सहानुभूतिपूर्वक व्यवहार करना।"

एकता का स्वप्न

"दुनिया में कोई भी अन्ततः भारत की एकता को एक दिन रोक नहीं सकेगा और हमारी समस्त जातियाँ व वंश, निःसन्देह, एक होंगे और एकताबद्ध होकर कार्य करेंगे।"

एकता के उपाय

"यदि हम वास्तव में एकता स्थापित करने के उपाय ढूँढ़ना चाहते हैं, तो हमें सामाजिक बंधनों को तोड़ देना होगा।.... इस सन्दर्भ में हिन्दू समुदाय को पहल करनी होगी...।"

सहयोग से उन्नति

"बिना उनके सहयोग के, जो आज दलित हैं, दीन और साधनहीन हैं, भारत की उन्नति की कोई कल्पना नहीं की जा सकती।"

सहयोग से समाधान

"बिना दूसरे के सहयोग के व्यवस्था को सुचारु नहीं बनाया जा सकता। दो समुदायों में संघर्ष की स्थिति हो, या संघर्ष जारी हो, तो ऐसे में संघर्ष के मूल में जाकर ही उसका स्थायी उपचार किया जा सकता है। इस सन्दर्भ में भी यह आवश्यक होगा कि उपचार में ईमानदारी बरती जाए, उसे निष्पक्षता से कतई पृथक न किया जाए।"

सहयोग से प्राप्ति

"जहाँ तक सहयोग से कुछ प्राप्त हो सके, वहाँ तक विरोध की आवश्यकता क्यों? क्यों न सहयोग से ही प्राप्त होने वाली वस्तु को उसके माध्यम से प्राप्त किया जाए?"

एकताबद्ध संघर्ष

"एकताबद्ध होकर अपना संघर्ष जारी रखो; आपको सत्ता और सम्मान संघर्ष के बल पर ही मिलेंगे।"

भावी एकता

"आज हम राजनीतिक, सामाजिक और आर्थिक रूप से विभाजित हैं, लेकिन सदा ही ऐसी स्थिति नहीं रहेगी। निश्चित ही भविष्य में हम एक होंगे।"

भाईचारा

"किसी भी राज्य की नींव भाईचारे पर रखी जाती है। यह भाईचारा अथवा सहानुभूति क्या है? संक्षेप में कहा जाए तो यह एकत्व की सामूहिक भावना की अनुभूति होती है, जो उन लोगों को, जिनमें यह भावना है, यह भान कराती है कि वे आपस में भाई-भाई हैं।"

••••

19

भाषा व एकता

“(एकता बनाए रखने के उद्देश्य से) मेरा सुझाव यह है कि भाषा के आधार पर प्रान्तों के पुनर्गठन की माँग को स्वीकार कर लेने पर भी ऐसी संवैधानिक व्यवस्था हो कि केन्द्र सरकार की जो राजभाषा हो, वही भाषा सभी प्रान्तों की भी राजभाषा मानी जाए।”

भाषायी प्रान्त

“भाषिक स्तर पर प्रान्तों के पुनर्गठन के सिद्धान्त को स्वीकार कर लेने के उपरान्त भी ऐसी व्यवस्था करनी होगी कि (इससे) भारत की एकता खण्डित न होने पाए।”

भाषायी प्रान्त का अर्थ

“मेरे मतानुसार भाषावार प्रान्त से तात्पर्य एक ऐसे प्रान्त से है, जिसकी जनता अपनी सामाजिक संरचना में समरूप हो।”

भाषा के नाम पर प्रान्त

“केवल भाषा के नाम पर पृथक प्रान्त का निर्माण कोई कारगर सिद्धान्त नहीं है। प्रान्त का निर्माण संचालन की सक्षमता और अच्छे प्रशासन की सुलभता को दृष्टिगत रखकर ही किया जाना चाहिए। अन्ततः प्रान्त जनता के अधिकतम कल्याण को ही समर्पित होना चाहिए। जनता को अच्छा प्रशासन मिले, उसकी कठिनाइयाँ कम-से-कम हों तथा विकास तीव्र गति से हो सके, यही मान-दण्ड प्रान्त के निर्माण का आधार होना चाहिए।”

प्रान्त का भाषायी सिद्धान्त

"एक भाषा एक प्रान्त का सिद्धान्त इतना विस्तृत है कि इसे व्यावहारिक रूप से लागू नहीं किया जा सकता। इस सिद्धान्त को यदि लागू किया जाए तो बहुत से प्रान्त बनाने पड़ेंगे और उससे सिद्ध हो जाता है कि वह व्यवहार के योग्य नहीं है।"

बहुभाषी प्रान्त

"बहुभाषी प्रान्तों की लाभकारी स्थिति के कारण उन्हें बनाए रखना चाहिए।"

बहुभाषी प्रान्तों में अवसर

"बहुभाषी प्रान्तों के स्वरूप से लोगों को भागीदारी के समान अवसर प्राप्त होते हैं। मेरा यह भी मानना है कि इससे अलगाववादी भावना के प्रसार पर बड़ी सीमा तक अंकुश लगता है।"

प्रान्तों का साम्प्रदायिक आधार

"जब साम्प्रदायिक भावना पूरे उफान पर हो और राष्ट्रीय भावना उतार पर हो, तो ऐसे में साम्प्रदायिक भावना पर आधारित प्रान्तों का निर्माण नहीं होना चाहिए।"

●●●●

20

अस्पृश्य व्यक्ति

"धारणात्मक भावना के अनुसार अस्पृश्य वह व्यक्ति है, जिसे ऐसे वर्ग से आया माना जाता है, जिसके सन्दर्भ में सामान्य धारणा है कि वह स्पर्श से अपवित्र करता है; यद्यपि स्थानीय परिस्थितियों के अनुसार ऐसे व्यक्ति के संसर्ग को टाला नहीं जा सकता, अथवा धार्मिक विधि के अनुसार (उसके) पवित्रीकरण की आवश्यकता नहीं होती है।"

अस्पृश्यता की मान्यता

"अस्पृश्यता की अति के पीछे जो धार्मिक मान्यता है, वह (स्वयं) उसे समाप्त करने में बाधक सिद्ध होती है।"

अस्पृश्यता का ढंग

"(भारतीय) हिन्दुओं में अस्पृश्यता एक भिन्न ढंग की धारणा है, और इस प्रकार की कोई चीज शेष विश्व के लिए अपरिचित भी है। किसी भी अन्य समाज में, किसी भी काल में, वह प्रारम्भिक हो या अति प्राचीन या फिर आधुनिक, इस प्रकार की कोई बात नहीं पाई जाती। गहन अध्ययन और शोध का यही परिणाम है।"

अस्पृश्यता उन्मूलन

"अस्पृश्यता की समस्या के समाधानार्थ हमें ग्रामों से ही कार्य प्रारम्भ करना होगा, वहीं इसकी जड़ें जमी हुई हैं।"

अस्पृश्य व अस्पृश्यता

"अछूत सदा से अछूत ही रहे थे, यह कल्पना निराधार है। यह मानना ही होगा कि एक स्थिति में सभी, अछूत या अन्यों के पूर्वज एक ही थे। ऐसा मान लेने पर ही अस्पृश्यता से सम्बन्धित भ्रामक व कोरी काल्पनिक मान्यता का अन्त हो सकता है।"

स्थायी अस्पृश्यता

"ग्रामों के साथ लगी गन्दी बस्तियाँ अस्पृश्यता को स्थायी बनाती हैं।"

जाति की प्रवृत्ति

"यदि जाति एक प्रवृत्ति है और उसके अतिरिक्त और कुछ नहीं है, तो उसे तभी समाप्त हुआ माना जाएगा जब जाति की प्रतीक प्रवृत्ति भी समाप्त हो जाएगी।"

जातिगत समस्या

"(भारत में) जाति की समस्या सैद्धान्तिक और व्यावहारिक रूप से एक विकराल समस्या है।"

जाति और असमानता

"जातियों की समस्या के समाधान के लिए विवाह-योग्य स्त्री-पुरुष संख्या की असमानता को रोकना होगा।"

जाति व राष्ट्र

"जाति भी राष्ट्र ही होती है, किन्तु एक जाति का दूसरी जाति पर शासन उसी प्रकार स्वीकार्य नहीं हो सकता, जिस प्रकार एक राष्ट्र का दूसरे राष्ट्र पर।"

जाति–राज

"निश्चित रूप से जाति-राज का अर्थ है जाति का हित और जाति-विद्वेष को मूल में रखकर राज्य करना।"

जाति–प्रथा उन्मूलन

"जाति-प्रथा को तोड़ने का वास्तविक तरीका अन्तर्जातीय विवाह नहीं है, अपितु उन धार्मिक धारणाओं को नष्ट करना है, जिन पर जाति-प्रथा की नींव रखी गई है।"

जातिगत प्रवृत्ति की समाप्ति

"विभिन्न जातियों और समूहों की वर्तमान रूढ़िवादी प्रवृत्ति तभी समाप्त होंगी, जब विभिन्न समूह आपस में मिल-जुलकर सामूहिक गतिविधियों में भाग लें।"

जाति–प्रथा की समस्याएँ

"जाति-प्रथा ने जन-चेतना को नष्ट कर दिया है। उसने सार्वजनिक धर्मार्थ की भावना को भी नष्ट कर दिया है। जाति-प्रथा के कारण किसी भी विषय पर सार्वजनिक सहमति का होना असंभव हो गया है।"

जाति–विहीन हिन्दू समाज

"हिन्दू समाज जब एक जाति-विहीन समाज बन जाएगा, तब उसके पास स्वयं को बचाने के लिए बहुत शक्ति होगी।"

जाति व सामाजिक असमर्थता

"हम जिस जाति या समुदाय में उत्पन्न होते हैं, हमारे भीतर उसी (जाति या समुदाय) की इच्छाएँ और महत्त्वाकांक्षाएँ होती हैं और हम समाज की असमर्थता का अनुभव करते हैं।"

वर्ण–व्यवस्था और अस्पृश्यता

"वर्ण-व्यवस्था और अस्पृश्यता की एक विशेषता यह है कि किसी व्यक्ति का सामाजिक स्तर उसकी जाति के स्तर के साथ बढ़ता अथवा घटता है।"

चातुर्वर्ण की वास्तविकता

"यह सामान्य धारणा कि भारतीय आर्यों का सामाजिक संगठन चातुर्वर्ण सिद्धान्त, जिसका अर्थ समाज का चार भागों–ब्राह्मण (पुरोहित), क्षत्रिय (सैनिक), वैश्य (व्यापारी) और शूद्र (दास) में विभाजन है, शूद्रों की समस्या और उनके महत्त्व के बारे में कोई दृष्टिकोण प्रस्तुत नहीं करती है। चातुर्वर्ण का अर्थ यदि केवल समाज का चार भागों में विभाजन मात्र ही है, तथा इसके अतिरिक्त कुछ और नहीं, तो यह एक अति अबोध सिद्धान्त रहा होगा। दुर्भाग्य से इस सिद्धान्त की परिधि में इससे कहीं अधिक भी कुछ रहा है, यही वास्तविकता है।"

••••

21

धर्म की वास्तविकता

"मैं कहता हूँ कि धर्म मनुष्य के लिए है, न कि मनुष्य धर्म के लिए।"

वास्तविक धर्म

"दो अनुयायिओं के बीच भेदभाव करने वाला धर्म वास्तविक नहीं हो सकता।.... किसी अन्यायी व्यवस्था पर आधारित कोई धर्म हो ही नहीं सकता। धर्म और दासता-दोनों-साथ-साथ नहीं चल सकते हैं।"

धर्म की कसौटी

"जो धर्म आपको मानव के रूप में स्वीकार न करता हो, वह धर्म कहलाने के योग्य ही नहीं है। जो धर्म उन्नति की मुख्य धारा में आने का आपका आह्वान न करता हो, वह धर्म हो ही नहीं सकता है।"

धर्म की आवश्यकता

"कुछ लोगों का विचार है कि धर्म समाज के लिए आवश्यक नहीं है। मैं ऐसे विचार से सहमत नहीं हूँ। मेरी दृष्टि से धर्म की स्थापना सामाजिक जीवन और व्यवहारों के लिए आवश्यक है।"

धर्म–अधर्म भेद

"जो धर्म नासमझों को नासमझ और दीनों को दीन बने रहने को बाध्य करता हो, वह कोई धर्म नहीं हो सकता।"

सच्चा धर्म

"मैं बर्क के कथन से कि 'सच्चा धर्म समाज की नींव है, जिस पर सब नागरिक सरकारें टिकी हुई हैं', सहमत हूँ।"

धर्म सुधार

"धर्म आवश्यक है; लेकिन धर्म में सुधार को मैं एक आवश्यक पहलू समझता हूँ।"

●●●●

22

कृषि का महत्त्व

"भारत जैसे देश में, जो पूर्णतः कृषि पर ही निर्भर करता है, वहाँ कृषि के महत्त्व पर अधिक बल देने की आवश्यकता ही नहीं है।"

कृषि की बुराइयाँ

"हमारी त्रुटिपूर्ण तथा खराब अर्थव्यवस्था ही हमारी कृषि में व्याप्त बुराइयों के लिए उत्तरदायी है।"

कृषि व औद्योगीकरण

"हमारी कृषि यदि छोटी एवं बिखरी हुई जोतों की शिकार है, तो उसका समाधान निःसन्देह औद्योगीकरण द्वारा ही संभव है।"

छोटी जोत

"भारत में छोटी जोत की समस्या बुनियादी समस्या नहीं है, अपितु यह एक मूल समस्या से उपजी हुई समस्या है, अर्थात यह सामाजिक अर्थव्यवस्था में असामंजस्य की समस्या है। इसलिए यदि हम समस्या का स्थायी समाधान ढूँढना चाहते हैं, तो हमें मूल समस्या के समाधान पर ध्यान देना चाहिए।"

भू-राजस्व कटौती

"मैं चाहता हूँ कि भू-राजस्व में कटौती कर दी जाए। मैं ऐसा करने के पक्ष में हूँ, क्योंकि वास्तव में खेती से होने वाले लाभ को हड़पने का सरकार को कोई अधिकार नहीं है।"

लाभकारी जोत

"(यद्यपि) जोत का आकार निर्धारित कर देने से यह तो हो सकता है कि जोत बड़े आकार की हो जाए, परन्तु यह नहीं हो सकता कि वह आर्थिक दृष्टि से भी लाभकारी (ही) हो। आर्थिक दृष्टि से लाभकारी जोत केवल उसके आकार पर निर्भर नहीं करती। यह तो भूमि की कुशल खेती के लिए आवश्यक अन्य उपकरणों से सामंजस्य पर ही निर्भर है।"

लाभकारी जोत की इच्छा

"हमारी कृषि में रुचि रखने वाले सभी लोगों की यह इच्छा है कि हमारी जोतें आर्थिक दृष्टि से लाभकारी हों।"

जोत का आकार

"जोत का आकार ऐसा होना चाहिए जो लाभकारी ढंग से उत्पादन के आधार पर आवश्यकतानुसार बदल सके।"

जोत का कानूनी ढंग

"यदि कोई अर्थशास्त्री जोत का आकार कानूनी रूप से निर्धारित करने की चेष्टा करता है, तो इसका अर्थ यह है कि वह बहुत बुद्धिमान नहीं है।"

सार्थक जोत का उपाय

"यह कहा जाता है कि जोतों का अत्यधिक छोटा आकार भारतीय कृषि के लिए अत्यन्त हानिकारक है। निःसन्देह छोटी जोतों में बहुत-सी बुराइयाँ होती हैं। परन्तु यदि छोटी जोतें संयत हों, तो इनकी कई बुराइयाँ कम हो सकती हैं।"

भू-सुधार

"कृषि में सुधारार्थ एक दीर्घकालिक और विस्तृत योजना की आवश्यकता है। साथ ही कहने की अपेक्षा कुछ ठोस करने की यहाँ आवश्यकता है।"

कृषि-व्यवस्था

"खेती करोड़ों, दूसरे शब्दों में, अधिकांश भारतवासियों का उद्यम-क्षेत्र है। आने वाले अनेक वर्षों में भी इस क्षेत्र की महत्ता बनी रहेगी। इसलिए कृषि-व्यवस्था में ऐसे सुधारों की नितान्त आवश्यकता है, जो लाभकारी सिद्ध हो सकें; किसानों व उनके साथ कार्यरत लोगों को समान लाभ पहुँचा सकें।"

खेती के साधन

"खेती को बड़ा करने की कोई उपयोगिता नहीं है, यदि किसान के पास भूमि पर खेती करने के लिए साधन नहीं हैं।"

खेतीहर जनसंख्या

"(भारत में) खेतीहर जनसंख्या बहुत अधिक है और वास्तविक कृषि के अन्तर्गत भूमि को देखते हुए प्रति व्यक्ति भूमि का अनुपात बहुत कम है। इसका अर्थ है कि कृषि पर आधारित लोगों का बड़ा भाग कृषि में आवश्यकता से अधिक और व्यर्थ में ही लगा हुआ है, और (वह) निठल्ला है।"

कृषि सुधार

"भारत में कृषि की त्रुटियों को दूर करने के लिए बुनियादी रूप से जोतों का आकार बढ़ाने की आवश्यकता नहीं है, अपितु पूँजी और पूँजीगत सामान बढ़ाने की आवश्यकता है।"

चकबन्दी की शर्त

"चकबन्दी (को कारगर बनाने) से पूर्व यह आवश्यक है कि व्यापक रूप में औद्योगीकरण हो।"

चकबन्दी की सफलता

"(हमें) यह कदापि नहीं भूलना चाहिए कि जब तक चकबन्दी वाली जोतों के भावी उप-विभाजन और विखण्डन पर रोक लगाने के लिए प्रभावकारी रुकावटें नहीं लगाएँगे, तब तक चकबन्दी की योजनाएँ बनाना निरर्थक है। ऐसी रुकावटें केवल औद्योगीकरण से ही संभव हो सकती हैं और तभी भूमि पर वह भारी दबाव कम हो सकता है, जिसके कारण भूमि का उप-विभाजन होता है।"

••••

23

श्रमिक व सामाजिक न्याय

"सामाजिक न्याय के सिद्धान्त को सर्वोपरि रखकर श्रमिकों के कार्य के घण्टों को उनके कर्तव्य का भाग बनाना चाहिए; श्रमिकों के शोषण को लेशमात्र भी मान्यता नहीं देनी चाहिए, इसी से विवादों को समाप्त किया जा सकता है।"

निठल्ला श्रमिक

"निठल्ले श्रमिक का महत्त्वपूर्ण प्रभाव होता है-राष्ट्रीय लाभांश का ह्रास।"

हड़ताल का अभिप्राय

"सामान्यतः हड़ताल सेवा-अनुबंध के उल्लंघन के अतिरिक्त और कुछ नहीं है। जब एक श्रमिक हड़ताल करता है, तो इसका अर्थ यह है कि वह सेवा के अनुबंध का उल्लंघन कर रहा है; इसमें, इससे अधिक और कुछ नहीं है, और इससे कम भी कुछ नहीं है।"

हड़ताल का अधिकार

"हड़ताल करने का अधिकार केवल स्वतंत्रता के अधिकार का ही दूसरा नाम है।"

दैवीय अधिकार

"यदि आप कहते हैं कि स्वतंत्रता का अधिकार दैविक अधिकार है, तो मैं दावे के साथ कहता हूँ कि हड़ताल का अधिकार भी दैविक अधिकार है।"

हड़ताल व धैर्य

"हड़ताल के सम्बन्ध में कोई जल्दबाजी में उठाया गया कदम फलीभूत नहीं हो सकता।"

हड़ताल पर प्रतिबंध

"यदि आप हड़ताल करने के अधिकार पर प्रतिबंध लगाना चाहते हैं और उसे अवैध बनाना चाहते हैं, तो ऐसा उन्हीं सेवाओं के सन्दर्भ में करें जिन पर समाज मूलतः निर्भर है।"

श्रमिकों के विरुद्ध कार्यवाही

"यदि श्रमिकों की किसी अनुचित माँग से शान्ति भंग होती है, तो उनके विरुद्ध पुलिस बल का प्रयोग करना न्यायसंगत होगा। दूसरी ओर यदि मालिकों के किसी बेतुके, अन्यायी और असमानतामय कृत्य से शान्ति भंग होती है, तो सरकार को श्रमिकों के विरुद्ध पुलिस बल का प्रयोग करने का कोई अधिकार नहीं है।"

सुचारु औद्योगिक व्यवस्था

"औद्योगिक व्यवस्था को सुचारु बनाए रखने के लिए तीन बातों की आवश्यकता होती है : १. मशीनरी; २. औद्योगिक (वाणिज्यिक) विवाद कानून में संशोधन; और ३. विधिसम्मत न्यूनतम दिहाड़ी तय किया जाना।"

शक्ति व औद्योगिक शान्ति

"शक्ति के बल पर औद्योगिक क्षेत्र में शान्ति की स्थापना की संभावना नहीं हो सकती है। कानून बनाकर इस संभावना को कायम किया जा सकता है, लेकिन तब भी उसे निश्चितता प्रदान नहीं की जा सकती।"

••••

24

साम्प्रदायिक दृष्टिकोण

"भारत में हर-एक व्यक्ति हर प्रश्न को चेतन या अचेतन अवस्था में साम्प्रदायिक दृष्टि से देखने को विवश है।"

साम्प्रदायिक विचार

"मैं स्वयं प्रत्येक विषय पर साम्प्रदायिक दृष्टि से विचार करता हूँ और अपने आपसे पूछता हूँ कि अमुक विषय दलित वर्गों के लिए ठीक रहेगा या नहीं।"

साम्प्रदायिक प्रतिनिधित्व

"कार्यपालिका में साम्प्रदायिक प्रतिनिधित्व को मान्यता देने का मैं घोर विरोध करता हूँ। ऐसा करने से शासन-तंत्र के सर्वाधिक महत्त्वपूर्ण अंग को सबसे भयानक रोग ग्रस लेगा।"

दुर्भाग्यपूर्ण उपद्रव

"उपद्रवों का होना दुर्भाग्यपूर्ण है। वे कभी भी दूसरे ढंग के नहीं हो सकते। (लेकिन) एकमात्र प्रश्न यह है कि क्या शान्ति और व्यवस्था बनाए रखने के लिए हम स्वतंत्रता का कोई आदर नहीं करेंगे?"

दंगों का कारण

"दंगे अवैध रूप से इकटठा हुई भीड़ के कारण होते हैं। अवैध रूप में एकत्रित हुई भीड़ उस समय दंगों का रूप ले लेती है, जब वह शक्ति का प्रयोग करने लगती है।"

समाज पर कलंक

"हमने बहुत गंभीर दंगों का सामना किया है। कोई भी (इस सत्यता से) मना नहीं कर सकता कि यह सब भारतीय समाज और सभ्यता पर एक कलंक है।"

असहनीय विभीषिका

"यह वास्तविकता है कि एक मुसलमान बिना किसी की परवाह किए एक हिन्दू को छुरा घोंप देता है, और एक हिन्दू बिना किसी की चिन्ता किए एक मुसलमान को मार देता है। यह विभीषिका है। इसे सहन नहीं किया जा सकता है।"

हिन्दू और मुसलमान

"हिन्दू और मुसलमान, जिस तरह उनके स्वभाव बन गए हैं, मैं नहीं समझता कि वे ईमानदारी से यह कह सकते हैं कि वे एक-दूसरे के प्रति असाम्प्रदायिक हैं।"

हिन्दू-मुस्लिम वास्तविकता

"इस बात का खण्डन नहीं किया जा सकता है कि हर हिन्दू और हर मुसलमान एक विशेष जाति या समुदाय में उत्पन्न होता है। इस तथ्य का भी विरोध नहीं किया जा सकता कि हम सबका पालन-पोषण साम्प्रदायिक वातावरण में होता है।"

साम्प्रदायिक समस्या का समाधान

"साम्प्रदायिक समस्या के समाधान के लिए मेरा दृष्टिकोण दो विचारों पर आधारित है :

"(१) साम्प्रदायिक समस्या के समाधान की दिशा में बढ़ने के लिए आवश्यक है कि उन सभी सिद्धान्तों की परिभाषा दी जाए, जिनका आह्वान अन्तिम समाधान को सुनिश्चित करने के लिए किया जा सके; और

"(२) शासी सिद्धान्त कुछ भी क्यों न हों, वे सभी पक्षों पर भय अथवा पक्षपात के बिना समान रूप से लागू किए जाने चाहिएँ।"

••••

ज्ञान का अर्थ

"ज्ञान केवल विचारों को जानने तथा उनसे चिपटे रहने में ही नहीं है। ज्ञान वह प्रक्रिया भी है, जो हमारे बौद्धिक विकास को परिपक्व करती है, जो हमें सृजनात्मकता व गतिशीलता की ओर बढ़ाती है।"

ज्ञान व जीवन

"ज्ञान मानवीय जीवन का आधार है। किसी छात्र की बुद्धि के विकास और उसके बौद्धिक स्तर को बनाए रखने का हर (संभव) प्रयास किया जाना चाहिए।"

सिद्धान्तकार व धैर्य

"कोई सिद्धान्त प्रस्तुत करने से पूर्व, सिद्धान्तकार को धैर्य रखना चाहिए; धैर्य के साथ उसे यह भी चाहिए कि वह सिद्धान्त का स्वयं विश्लेषण कर ले। सिद्धान्तकार को सिद्धान्त स्थापित करने में शीघ्रता नहीं दिखानी चाहिए; न ही उसे बिना ठोस प्रमाणों के सिद्धान्त प्रस्तुत करना चाहिए।"

ईमानदारी व तर्कपूर्णता

"अपने आलोचकों से मैंने कभी कोई आशा नहीं रखी है; मैं केवल उनसे यही चाहता हूँ कि वे ईमानदारी से और तर्कपूर्ण ढंग से ही अपना पक्ष रखें। आलोचना केवल आलोचना के लिए ही हो, यह बात ईमानदारी की नहीं हो सकती।"

लाभकारी अन्वेषण

"बिना परिकल्पना के किसी प्रकार के लाभदायक अन्वेषण की संभावना नहीं है। यह बात भी सत्य है कि जहाँ किसी परिकल्पना को सही साबित करने की प्रबल इच्छा बनी हुई हो, वहाँ वह परिकल्पना विज्ञान के लिए विष का कार्य करती है और जैसा माइकल ने भी सही कहा है, 'परिकल्पना विज्ञान का नमक होती है'।"

साधन व साध्य

"साध्य और साधन (संचालन-शक्ति) काया और छाया की भाँति एक-दूसरे से जुड़े हुए हैं। साध्य साधन का औचित्य सिद्ध करता है, इस सूक्ति में एक ऐसा अति गहन सत्य निहित है, जिसे केवल इसलिए विकृत किया जाता है कि उसे गलत समझा जाता है।"

साधन-साध्य का औचित्य

"यदि साध्य साधन का औचित्य सिद्ध नहीं करेगा तो और कौन करेगा?"

साध्य-सिद्धि

"हमारी कठिनाई यह है कि किसी साध्य को सिद्ध करने के लिए एक बार जिन साधनों का हम प्रयोग करते हैं, उनके संचालन पर हम पर्याप्त नियंत्रण नहीं रख पाते।"

साध्य-सिद्धि व साधन

"(हमें स्मरण रखना चाहिए) केवल हमारे मनचाहे साध्य का प्रस्फुटन नहीं होता। इस तथ्य को हम कभी-कभार ही स्वीकार करते हैं। किन्तु साध्य-सिद्धि के अपने उन्माद में हम अपने मनचाहे साध्य को ही रेखांकित करते हैं और अन्य साध्यों की ओर ध्यान नहीं देते, जो उनके साथ-साथ प्रस्फुटित होते हैं।"

••••

26

लोकतंत्र की आत्मा

"लोकतंत्र की आत्मा है, एक व्यक्ति, एक मूल्य का सिद्धान्त।"

संसदीय लोकतंत्र

"जो स्वतंत्रता चाहते हैं, वे शासन-प्रणाली के रूप में संसदीय लोकतंत्र को छोड़ने को तैयार नहीं।"

लोकतंत्र की संविधि

"लोकतंत्र की संविधि वयस्क मताधिकार और मूल अधिकारों से भी आगे जानी चाहिए।"

लोकतंत्र में आलोचना

"आलोचना से बचने वाला लोकतंत्र कभी भी परिपक्वता की ओर नहीं बढ़ सकता। लोकतंत्र को परिपक्व होना हो, उसे जनाकांक्षाओं के अनुरूप ही कार्य करना हो, तो निश्चित रूप से उसमें स्वस्थ आलोचना को स्थान रहना चाहिए। विपरीत स्थिति में लोकतंत्र, लोकतंत्र ही नहीं रहेगा, और ऐसे नाममात्र के लोकतंत्र का मैं किसी भी स्थिति में समर्थक नहीं हो सकता।"

सच्ची नागरिकता

"सच्ची नागरिकता के लिए धर्म पर आधारित राजनीति अत्यन्त ही विनाशकारी सिद्ध हो सकती है।"

नागरिकता की सार्थकता

"नागरिकता की सार्थकता के लिए दो सर्वाधिक महत्त्वपूर्ण अधिकार हैं-प्रथम प्रतिनिधित्व का अधिकार और द्वितीय राज्य के अधीन पद धारण करने का अधिकार।"

●●●●

27

मंदिर निर्माण

"मंदिरों का निर्माण हिन्दू धर्मावलम्बियों के लाभार्थ हुआ है। यही कारण है कि वे समस्त हिन्दुओं के लिए हैं; और इसके चलते अछूतों को भी इनमें प्रवेश से वंचित नहीं किया जा सकता, भले ही उनके निर्माण में अछूतों का कोई आर्थिक सहयोग न रहा हो।"

मंदिर उपयोग

"यह सही है कि कुछ मंदिर व्यक्तिगत सम्पत्ति हैं, लेकिन फिर भी उनका उपयोग समस्त हिन्दुओं के लिए होता है; इसलिए अछूत हिन्दू का मंदिरों में प्रवेश उचित है; तथा वे वहाँ पूजा-अर्चना के अधिकारी हैं।"

हिन्दू धर्म की आवश्यकता

"हिन्दू धर्म को सामाजिक एकता का धर्म बनना चाहिए, तभी इसे राष्ट्रवादियों के धर्म के रूप में मान्यता मिलेगी.....।"

हिन्दुत्व

"हिन्दुत्व अछूतों के लिए भी उतना ही है, जितना कि वह सवर्णों के लिए है।"

••••

28

साहस का रहस्य

"स्वतंत्रता साहस का रहस्य है और साहस व्यक्तियों द्वारा एक दल में बँध जाने से उत्पन्न होता है।"

दास मानसिकता

"किसी दास के लिए स्वतंत्रता की तब तक कोई आशा नहीं हो सकती, जब तक दास की दासत्वमयी मानसिकता की समाप्ति नहीं हो जाती।"

नवजीवन और पुनर्चेतना

"यदि आप नवजीवन और पुनर्चेतना के लिए खड़े नहीं हो सकते, तो अच्छा है कि आप संसार को छोड़कर इसे मुक्त करें।"

आत्म-सम्मान और उन्नति

"कोई भी वंश अपने आत्म-सम्मान को खोकर उन्नति नहीं कर सकता है। इसलिए यदि आप.... उन्नति चाहते हैं, तो सामाजिक व्यवस्था में आपके साथ स्वतंत्र नागरिकों की भाँति व्यवहार हो; आपको अपने भाग्य के निर्माणार्थ स्वतंत्रतः आगे बढ़ने का अवसर प्राप्त हो।"

सम्माननीय जीवन

"यदि आपका सम्माननीय जीवन में विश्वास है, तो आपको स्वः सहायता में, जो कि सर्वश्रेष्ठ सहायता है, विश्वास करना होगा।"

आत्म-सम्मान का जीवन

"हम शूरवीर हैं, दास नहीं हैं। आत्म-सम्मान के जीवन और देशप्रेम की भावना से रहित जीवन से बदतर कोई दूसरा जीवन नहीं हो सकता।"

जीवन में आत्म-सम्मान

"मनुष्य नश्वर है, उसे एक न एक दिन तो मरना ही है। लेकिन यह निश्चय करना चाहिए कि आत्म-सम्मान के जीवन के आदर्श और मानवीय जीवन को अच्छा बनाने के प्रयासों को पूर्ण करते हुए जीवन को त्यागेंगे।"

निजहित प्राप्ति

"अपने हितों को हमसे अच्छा कोई दूसरा कैसे जान सकता है? इसके लिए हम बड़े-से-बड़े अधिकारी को भी आज्ञा नहीं दे सकते हैं। हमारा हित हमारा है, हम ही उसे प्रकट भी करेंगे।"

सुनहरा भविष्य

"आज जो रक्षा करने में असमर्थ हैं, एक दिन वे सुदृढ़ बनेंगे। चूँकि पृथ्वी पर न्याय है, ऐसा कोई नहीं जो सदा लोगों के दुखों की स्थिति बनाए रख सकेगा। (वैसे भी) भारत की उन्नति की परीक्षा या कसौटी यही होगी कि उसने दुखों और कठिनाई का जीवन जीने वालों के लिए क्या किया है?"

भेदभाव व राष्ट्रीय ह्रास

"सामाजिक भेदभाव की नीति ने केवल अछूतों का अहित ही नहीं किया, इसने अन्ततः सारे समाज और देश की गरिमा का ह्रास किया है।"

विचारों का प्रचार

"मनुष्य नश्वर होते हैं। उसी प्रकार विचार भी होते हैं। यह धारणा गलत है कि विचार अपना संवर्धन स्वयं कर सकते हैं। जिस प्रकार पौधों को पानी की, उसी प्रकार विचार को प्रचार की आवश्यकता रहती है। अन्यथा दोनों (ही) मुरझाकर नष्ट हो जाएँगे।"

त्याज्य विचार

"हमें उस विचार का त्याग कर देना चाहिए जिसमें कहा गया है कि माता-पिता बच्चे को जन्म देते हैं न कि उसके भाग्य के स्वामी होते हैं। वास्तव में वे उसके भाग्य को बना सकते हैं।"

नश्वर जीवन

"व्यर्थ की बातें छोड़ दीजिएगा, मेरे लिए अपने जीवन को दाँव पर न लगाइएगा। मेरी मृत्यु कौन रोक सकेगा? इसलिए ऐसा कोई कार्य, जिसमें आपके जीवन को भारी खतरा हो, मेरे लिए बिल्कुल नहीं कीजिएगा।"

उन्नति का रहस्य

"जो समाज केवल किसी एक व्यक्ति को ईश्वर के स्तर पर लाकर खड़ा करने को आतुर होता है, वह विनाश के मार्ग पर बढ़ता हैं। कोई भी अतिरिक्त गुणों से भरपूर नहीं होता; जो उन्नति करता है, वह केवल अपने प्रयासों से ही करता है।"

भारतीय सांस्कृतिक समरसता

"(भारतीय) प्रायद्वीप को छोड़कर संसार का कोई देश ऐसा नहीं है, जिसमें इतनी सांस्कृतिक समरसता हो। हम केवल भौगोलिक दृष्टि

से ही सुगठित नहीं है, अपितु हमारी सुनिश्चित सांस्कृतिक एकता भी सुदृढ़ और अटूट है, जो पूरे देश में चारों दिशाओं में व्याप्त है।"

पुरुष का महत्त्व

"इतिहास के आरम्भ से ही पुरुष का स्त्री की अपेक्षा अधिक महत्त्व रहा है। पुरुष का प्रभुत्व हर समाज में रहा है। इसकी प्रतिष्ठा अधिक रही है। पुरुष की परम्परागत श्रेष्ठता के कारण उसकी इच्छाओं का सदा सम्मान किया जाता रहा है।"

सामाजिक-राजनीतिक ढाँचा

"हम साहसी कदम उठाएँ और संविधि द्वारा समाज के आर्थिक ढाँचे और राजनीतिक ढाँचे, दोनों, को परिभाषित करें।"

मातृभूमि की स्वःरक्षा

"इस भुलावे में न रहें कि पाकिस्तान भारत में कोई मुसलमान सत्ता स्थापित कर पाने में सक्षम होगा। हम अपनी धरती की स्वयं रक्षा करेंगे।"

मातृभूमि की रक्षा

"जातिवादी हिन्दुओं से कुछ बिन्दुओं पर मेरा मतभेद है, मैं यह स्वीकार करता हूँ। लेकिन मैं आपके समक्ष वचनबद्ध होता हूँ कि अपनी भूमि की रक्षा के लिए मैं अपना जीवन न्यौछावर कर दूँगा।"

••••

29

कश्मीर की वास्तविकता

"यदि हम सम्पूर्ण कश्मीर की रक्षा नहीं कर सकते तो कम-से-कम अपने सगे-सम्बन्धियों की सुरक्षा तो करें। यही सच्चाई है; और वास्तविक तथा सही विश्लेषण भी यही है, जिससे इंकार नहीं किया जा सकता।"

कश्मीर समस्या

"कश्मीर समस्या का हल उसका विभाजन है। हिन्दू और बौद्ध क्षेत्र भारत को जबकि मुस्लिम क्षेत्र पाकिस्तान को दे दिए जाने चाहिए।"

कश्मीर नीति

"भारत सरकार ने जो नीति कश्मीर के बारे में अपनायी है, मैं उससे सहमत नहीं हूँ, क्योंकि वह नीति कारगर नहीं है।"

लीग का आन्दोलन

"मुस्लिम लीग का भारत के विभाजन के लिए आन्दोलन, मुझे कहने में कोई हिचक नहीं है, एक दिन स्वयं.... मुसलमानों को यह सोचने को विवश करेगा कि केवल एकबद्ध या संयुक्त भारत ही हर-एक के लिए अच्छा है।"

जिन्ना की नीयत

"जिन्ना... जब... मुस्लिम बाहुल्य प्रान्तों के मुसलमानों के बहुमत के पक्ष में है, तब केन्द्र में वे हिन्दू बहुमत का विरोध क्यों

करते हैं? जिन्ना के कथन में परस्पर विरोध है। उनसे बहुमत के शासन के सिद्धान्त की पुष्टि की आशा नहीं की जा सकती।"

विदेश–नीति

"हमारी विदेश-नीति का मूल बिन्दु अन्य देशों की समस्याओं को सुलझाने में संलग्न पाया जा सकता है न कि स्वयं अपने देश की समस्याओं के समाधान में।"

युद्ध समाप्ति

"युद्ध को समाप्त नहीं किया जा सकता है। विशेषकर जब आक्रमण हुआ हो तो ऐसे में लड़ने से मना करके युद्ध को नहीं टाला जा सकता है। युद्ध की समाप्ति उसे जीतकर और न्यायपूर्वक शान्ति की स्थापना करके ही की जा सकती है।"

आर्थिक उपाय

"जीवन-निर्वाह के आर्थिक तरीकों का अध्ययन सदैव ही महत्त्वपूर्ण होता है।"

अर्थशास्त्र का सिद्धान्त

"अर्थशास्त्र की यह सामान्य बात है कि पूँजी बचत से प्राप्त होती है और बचत तब संभव है, जब हमारे पास अधिक फसल हो।"

आर्थिक शक्ति

"मानव-समाज का कोई भी विद्यार्थी इस बात को स्वीकार नहीं कर सकता कि आर्थिक शक्ति ही एकमात्र शक्ति है।"

आय का स्रोत

"व्यक्ति ही की भाँति समाज की आय भी किए गए प्रयासों और उपलब्ध माल पर निर्भर करती है।"

सामाजिक पूँजी

"समाज के पास जो कुछ होता है, वह या तो आज ही प्राप्त वस्तुओं पर, अथवा पिछले उत्पाद पर निर्भर करता है।"

आर्थिक ढाँचा

"जो लोग समाज के आर्थिक ढाँचे को राजकीय समाजवाद के आदर्श पर खड़ा करना चाहते हैं, उन्हें यह जान लेना चाहिए कि वे इससे मूलभूत प्रयोजन की सिद्धि को साधारण विधि का आश्रित नहीं बना सकते।"

वस्तु-मूल्य

"जीवन की अच्छी चीजें छप्पर फाड़कर नहीं टपकतीं। ऐसा कभी नहीं होता। सत्यता यह है कि यदि आप जीवन की अच्छी वस्तुएँ चाहते हैं, तो आपको उनके लिए मूल्य चुकाना होगा। जब तक आप उनका दाम नहीं चुकाते हैं, वे आपको नहीं मिल सकतीं।"

वस्तु-प्राप्ति

"मैं उन लोगों में से हूँ, जो जीवन की अच्छी चीज़ें पाना चाहते हैं और उनके लिए मूल्य चुकाना चाहते हैं।"

●●●●

30

संयुक्त उत्तरदायित्व

"संयुक्त उत्तरदायित्व को प्राप्त करना एक महत्त्वपूर्ण बात है।"

सच्चे माता–पिता

"ऐसे माता-पिता और पशुओं में कोई अन्तर नहीं है, जो अपनी वर्तमान (परतंत्रता) की स्थिति से अपने बालकों को निकालकर उनके लिए दूसरी अच्छी स्थिति की कामना नहीं रखते हैं।"

बालकों के प्रति कर्तव्य

"जैसे आप स्वयं हैं, ऐसे ही आपके बालक भी होंगे। अपने बालकों के जीवन को गुणों से भरपूर कीजिएगा, ताकि वे संसार में अपनी पहचान के चिह्न छोड़ सकें।"

बालकों को प्रेरणा

"यदि बालकों से अच्छे और ठोस परिणामों की आशा रखनी हो, और उनसे आत्मनिर्भरता की आशा करनी हो, तो उन्हें मेहनत व लगन के बल पर ही आगे बढ़ने को प्रेरित करना चाहिए।"

असमानों के प्रति उदासीनता

"ऐसे लोगों के साथ समान व्यवहार करना जो स्वयं असमान हैं, मेरे अनुसार, उनकी ओर से उदासीन होने और उनकी उपेक्षा करने जैसा है।"

असमानता

"असमानता के आधार पर मानव-समाज को श्रेणीबद्ध करने वाला सिद्धान्त राष्ट्रीयता के विरुद्ध है।"

अधिकार प्राप्ति

"भीख से खोए हुए अधिकार प्राप्त नहीं होते हैं; वे प्रार्थना से नहीं मिलते हैं, अपितु उन्हें अथक संघर्ष के माध्यम से प्राप्त किया जा सकता है।"

विवेक से निर्णय

"ध्यान दें! इसलिए अग्नि में छलाँग न लगाएँ, क्योंकि मैं आपको ऐसा करने के लिए कहता हूँ। ऐसा करें, यदि इससे आपको न्याय मिलने का भरोसा हो।"

प्रतिरोध का ढंग

"संकटकाल का प्रतिरोध नए तरीकों की खोज से किया जा सकता है। जब कोई नया मार्ग व तरीका नहीं मिलता, तो समाज का पतन हो जाता है। समय संभावित नवीन मार्ग प्रस्तुत कर सकता है, परन्तु सही मार्ग पर चलना समय का काम नहीं है। यह काम मनुष्य का है।"

पिछड़ी जातियाँ

"(भारतीय समाज में) पिछड़ी जातियों की स्थिति.... बहुत खराब है, सहानुभूतिपूर्ण व्यवहार की वे ही सर्वाधिक पात्र हैं; और

वास्तव में उन्हें यह मिलना चाहिए। इस मामले में सरकार द्वारा मुसलमानों की अपेक्षा पिछड़ी जातियों की ओर अधिक ध्यान दिया जाना चाहिए।"

दासता

"दासता के मूल में यह कल्पना होती है कि दासों का कोई अधिकार नहीं होता, केवल उसके, जो सत्ताधारी वर्ग अपनी इच्छा से उसे दे दे।"

दासता का अन्त

"यदि आप अपनी दासता की जड़ों को काटना तय करते हैं, और ऐसा करते समय मुकदमों, न्यायालयों का सामना भी करते हैं, तो मेरे लिए यह सम्मान व सफलता की बात होगी, यद्यपि इसका समस्त श्रेय तो आपको ही जाएगा।"

आत्मनिर्भरता

"हम आत्मनिर्भरता को तभी प्राप्त कर सकेंगे जब हम स्वः सहायता करना सीखेंगे; अपने आत्मसम्मान की रक्षा हम तभी कर सकेंगे और अपने लिए ज्ञानार्जित भी कर सकेंगे।"

दृढ़-निश्चय व संघर्ष

"यदि सब तरह से विचारोपरान्त भी संघर्ष के लिए आपका निर्णय दृढ़ हो, तो बिना किसी शंका के ऐसा करें।"

ज्ञान की शाखाएँ

"ज्ञान की कुछ शाखाओं में परस्पर गहरा सम्बन्ध है और उनके उन दृष्टिकोणों में बहुत समानता है जहाँ वे एक-दूसरे के पर्याप्त निकट हैं।"

हमारा मिशन

"हमारा मिशन उन सभी को, वे भाई हों या बहनें अथवा पुत्रियाँ, जो हमारे सम्पर्क हों या हमारे निकट हों, समान रूप से शिक्षित करना होना चाहिए। उन्नति के लिए शिक्षा परमावश्यक है; इसके फल से कोई मना नहीं कर सकता, हमें यह समझ लेना होगा।"

परिवर्तन

"प्रत्येक वस्तु परिवर्तनशील है, व्यक्ति और समाज के लिए परिवर्तन जीवन का नियम है।"

जनशत्रु

"जो व्यक्ति, हमारे पास जो कुछ छोटे उद्योग हैं, उन्हें समाप्त करने पर तुला है, वह जनता का मित्र नहीं शत्रु है।"

जीवन की सार्थकता

"मैं उस बात से पूर्णतः सहमत हूँ जिसमें कहा गया है कि चूँकि प्रत्येक व्यक्ति को जीवन एक बार मिलता है, इसलिए उसे उसी जीवन में अपना सर्वोत्तम विकास करने का पूर्ण अवसर दिया जाना चाहिए।"

मित्रवत् व्यवहार

"मित्रों के प्रति मेरा व्यवहार सदैव अपरिवर्तनीय रहेगा। इसी प्रकार शेष विश्व के प्रति भी मेरा व्यवहार होगा। मेरे घर के द्वार मित्रों के लिए सदैव खुले रहेंगे।"

मित्र, शत्रु नहीं

"मुझे अनेक अपना शत्रु मानते हैं। लेकिन मेरे तो ब्राह्मण समुदाय में भी कई व्यक्तिगत मित्र हैं। वास्तव में अपने लोगों से बुरे व्यवहार व उनकी उन्नति में बाधक बनने वालों का ही मैं शत्रु हो सकता हूँ।"

सामुदायिक संरक्षण

"कोई भी समुदाय चाहे वह बौद्धिक दृष्टि से कितना भी उन्नत क्यों न हो, दूसरे समुदाय का संरक्षक नहीं हो सकता।"

भारत की वास्तविकता

"भारत यूरोप नहीं है। भारत इंग्लैण्ड नहीं है।... परिणामस्वरूप, जो राजनीतिक व्यवस्था इंग्लैण्ड के लिए ठीक है, वह यहाँ अनुकूल नहीं हो सकती। इस वास्तविकता को हमें समझ लेना चाहिए।"

आरक्षण

"पृथक निर्वाचक मंडल निर्माण अथवा स्थानों का आरक्षण नहीं किया जाना चाहिए।"

अल्पसंख्यक

"अल्पसंख्यक वे लोग हैं जिनके अधिकार उनके भाई-बन्धुओं के गलत व्यवहार के कारण (भी) जब्त हो जाते हैं।"

अल्पसंख्यक शिक्षा व स्तर

"अल्पसंख्यकों का शैक्षिक और आर्थिक स्तर जितना ऊँचा होगा, राजनीतिक संरक्षण के लिए उनकी आवश्यकता उतनी ही कम होगी। विपरीत इसके, उनका शैक्षिक व आर्थिक स्तर जितना नीचा होगा, राजनीतिक संरक्षण के लिए उनकी आवश्यकताएँ उतनी ही अधिक होंगी।"

बौद्ध-दर्शन के प्रमुख बिन्दु

"बौद्ध-दर्शन के चार प्रमुख बिन्दु हैं : (क) समाज को या तो विधि की मान्यता प्राप्त हो अथवा इसे नैतिकता के साथ रहने की मान्यता। दोनों में से एक के बिना समाज का विखण्डन निश्चित है; (ख) धर्म को यदि कार्यरत रहना है, तो उसे कारण से जुड़ा होना चाहिए, जो कि विज्ञान का दूसरा नाम है; (ग) नैतिक सिद्धान्त की स्थापना ही धर्म के लिए पर्याप्त नहीं है, अपितु इसके नैतिक सिद्धान्त को स्वतंत्रता, समानता और बन्धुत्व जैसे मूल्यों को मान्यता देनी चाहिए; तथा (घ) धर्म को गरीबी को मान्यता नहीं देनी चाहिए।"

अद्वितीयता की कसौटी

"किसी चीज़ को अद्वितीय और भिन्न मानना चाहिए, इससे मैं मना नहीं करता; लेकिन वह अद्वितीय क्यों है तथा उसमें भिन्नता क्या

है? इसे भी तो अवश्य ही समझ लेना चाहिए। मात्र कहने या सुन लेने से ही कुछ अद्वितीय या भिन्न नहीं बन जाता।"

पूर्ववर्ती अनुभव–लाभ

"भारत को अन्य देशों की कमियों की नकल नहीं करनी चाहिए। उसे अपने पूर्ववर्तियों के अनुभव का लाभ उठाना चाहिए।"

विकासार्थ विचार

"भारत में क्या कुछ नहीं है, जो विकास के लिए उसे चाहिए? लेकिन आन्तरिक स्थिति ने विकास के मार्ग को अवरुद्ध किया है, जिस पर आम व खास, सभी, को विचार करना होगा।"

अन्तर की आवश्यकता

"विषय की स्पष्ट समझ के लिए आवश्यक है कि प्रारम्भिक और आधुनिक के मध्य के अन्तर को जाना जाए।"

सिद्धान्त विश्लेषण

"सामान्य अथवा स्वाभाविक माने जाने वाले सिद्धान्त या व्यवहार भी विश्लेषण का विषय हैं। बुद्धिमत्ता का यही तक़ाजा होता है कि तर्क की कसौटी पर और विश्लेषण की प्रक्रिया में से सिद्धान्त को गुजारा जाए।"

स्वाभाविकता का औचित्य

"बिना किसी व्याख्या के किसी चीज़ को स्वाभाविक मान लेने का कोई औचित्य नहीं है।"

खुले मस्तिष्क से विचार

"समस्याओं पर खुले मस्तिष्क से विचार करने पर ही अच्छे व लाभकारी समाधान की आशा की जा सकती है। पुरानी बात पर अड़े रहना, विचारशीलता के स्थान पर अड़ियल रुख को जानबूझकर बनाए रखना, बुद्धिमत्ता का परिचय नहीं है। ऐसा करने से कदापि समस्या का समाधान नहीं ढूँढा जा सकता। सामाजिक क्षेत्र में तो यह बात और भी अधिक महत्त्वपूर्ण है।"

शिकायत

"शिकायत से व्यक्ति (प्रायः) केवल दुख अथवा कठिनाई अनुभव करता है।"

गाँधी का आशीर्वाद

"नमक कर को श्री गाँधी की स्मृति में हटाया गया था। मैं उनका आदर करता हूँ। अन्ततः अछूत, हम सब यह मानते हैं, उनके निकटतम व प्रियतम थे। (इसलिए) कोई कारण नहीं है कि स्वर्ग से श्री गाँधी (अनुसूचित जाति के किसी) प्रोजेक्ट को आशीर्वाद नहीं देंगे।"

सम्पत्ति का महत्त्व

"हम यह कह सकते हैं कि दोष सम्पत्ति का नहीं, अपितु विषय-वितरण का होता है। उदाहरणार्थ, जिनके पास सम्पत्ति है ही नहीं, वे उसे पाने के लिए उन लोगों की अपेक्षा कहीं अधिक विध्वंस करने के लिए तत्पर रहेंगे, जिनके पास सम्पत्ति है।"

उन्नति का राज

"संघर्षकर्ता ही सदा उन्नति करते हैं। कुछ इस गलत धारणा को पाले रखते हैं कि वे उन्नति नहीं कर सकते, लेकिन ध्यान रखो कि विवशता के दिन अब समाप्त हो रहे हैं। पुराने दिन समाप्त हुए; क्षमता के अनुसार सब कुछ पाने में अब आप सक्षम हैं।"

आवेग व रचनात्मकता

"यदि कोई रोक न लगायी जाए तो प्रत्येक आवेग कोई-न-कोई सृजनात्मक कार्य करेगा, यद्यपि, यह बात दूसरी है कि सृजित वस्तु का कोई उपयोग हो सकेगा या नहीं।"

कंधों पर भार

"अपने कंधों पर भार लेकर ही हमें अपने अभिशाप को मिटाने के लिए, जो कुछ कर सकते हैं, करना चाहिए।"

अवसर का सदुपयोग

"यदि (प्राप्त होने वाले छोटे) अवसर का आप सदुपयोग नहीं

करेंगे तो आपकी कठिनाइयों का कोई अन्त नहीं होगा। मुझे भय है कि जिस दासता के विरुद्ध हम लड़ रहे हैं, वह हमें पुनः जकड़ लेगी और हमारी जागृति (ऐसे में) अल्पावधि वाली बनकर रह जाएगी।"

पाप व अनैतिकता

"पाप और अनैतिकता को इसलिए सहन नहीं किया जा सकता, क्योंकि अधिकांश इनके आदी बन गए हैं, या वे इन्हें पसन्द करते हैं।"

सामूहिक उपयोग

"जिस वस्तु को सामूहिक प्रयासों से तैयार किया जाता है, उसके उपयोग पर कोई भी (अकेला) व्यक्ति अधिकार स्थापित नहीं कर सकता।"

अशिक्षित जन-समुदाय

"निरक्षर, अज्ञानी और अंधविश्वासों से घिरा हुआ जन-समुदाय नेतृत्वकर्ताओं का सही चयन नहीं कर सकता।"

निरन्तर संघर्ष

"राष्ट्रीय चेतना, समान राष्ट्रीयता और भारतीय नागरिकता की समान चेतना स्थापित करने हेतु किए जा रहे संघर्ष के चलते ऐसा कुछ भी नहीं किया जाना चाहिए जो इस प्रयास को निष्प्रभावी और दुर्बल करने वाला हो।"

अंग्रेजों की देन

"अंग्रेजों की दो बातों को उदारतापूर्वक स्वीकार करना चाहिए। पहली बात उनके द्वारा लागू की गई विधि संहिता; आप कश्मीर से कन्याकुमारी (दक्षिणी भारत में) तक कहीं चले जाएँ, आप पाएँगे कि समान अपराध की सब जगह एक-सी ही सजा का प्रावधान है। दूसरी बात जो उन्होंने की है, वह यह कि उन्होंने एक केन्द्रीय सरकार दी है। ऐसी चीज़ पहले हमारे यहाँ नहीं थी। केन्द्रीय सरकार होने की महत्ता के इस तथ्य के बारे में कदाचित् हमने सोचा भी न था।"

निजी लाभ

"मैंने कभी भी निजी लाभ का मार्ग ग्रहण नहीं किया है। यदि मैंने ऐसा किया होता तो मैं किसी अन्य स्थान पर हो सकता था।"

अछूतों से वफादारी

"मैं देशवासियों के मस्तिष्क में अपनी दूसरी वफादारी की शंका नहीं रहने दूँगा। मैं इस वफादारी से बँधा हूँ और इसे कभी छोड़ नहीं सकता। यह वफादारी अछूतों के समुदाय के प्रति है, मैं वहाँ पैदा हुआ हूँ। मैं वहाँ रहता हूँ और आशा करता हूँ कि उसे कभी नहीं छोडूँगा।"

धर्मनिर्पेक्षता

"धर्मनिर्पेक्षता और धर्मसापेक्षता दो भिन्न-भिन्न बातें हैं। लेकिन धर्मनिर्पेक्षता में हर विषय का सरोकार प्रायः सभी से होता है।"

माओ त्से-तुंग

"माओ (त्से-तुंग) द्वारा स्वीकृत पंचशील सिद्धान्त और तिब्बत पर अनाक्रमण के उनके कथन पर भरोसा नहीं किया जाना चाहिए। यदि माओ की पंचशील पर, जो बौद्धधर्म का अनिवार्य भाग है, कोई श्रद्धा रही होती, तो जिस तरह स्वयं अपने देश में माओं ने बौद्धों के प्रति व्यवहार किया, वह स्थिति नहीं रही होती।"

अपवित्रता समाप्ति

"अपवित्रता केवल कुछ समय व्यतीत हो जाने से स्वतः ही समाप्त नहीं हो जाती। अपवित्रता को समाप्त करने के लिए समय के भीतर ही उपाय किए जाने चाहिएँ।"

समझने का ढंग

"किसी भी चीज़ को समझने का श्रेष्ठतम ढंग उसकी तुलना तथा विपर्यास होता है।"

गठबंधन का सार

"गठबंधन का सार यह होता है कि इसमें अलग होने का अधिकार सुरक्षित रहता है और (घटक) अपनी मूल स्थिति में वापस जा सकता है।"

जनोत्तरदायित्व

"जनता का यह उत्तरदायित्व है कि वह ऐसी सरकार को, जो अपने कर्तव्यों को पूर्ण न कर सकी हो और जो प्रदत्त समय में आशा पर, और दिए गए वचन पर खरी न उतर सकी हो, बदल दे।"

स्वागत योग्य स्वराज्य

"ऐसे स्वराज्य का मैं स्वागत करूँगा जो बहुमत के आधार पर चलने के साथ ही अल्पसंख्यकों की सहमति और उनके सहयोग को भी सुनिश्चित करने वाला हो। बिना अल्पसंख्यकों के सहयोग तथा उनकी सहमति के कोई भी शासन सच्चा स्वराज्य नहीं बन सकता, भले ही इसके सम्बन्ध में कितने भी मजबूत दावे क्यों न प्रस्तुत किए जाएँ?"

सामूहिक गतिविधियाँ

"जितनी बड़ी संख्या में सामूहिक गतिविधियों के लिए अवसर उत्पन्न किए जाएँगे, उतना ही अधिक अच्छा होगा। ऐसे में बड़े पैमाने पर पुनः समाजीकरण होगा और उसके परिणामस्वरूप और भी तीव्रता से जातियाँ तथा समूह समाप्त हो जाएँगे।"

करनी का फल

"जो व्यक्ति आपको मारने आता है, या स्त्री का शील भंग करने का प्रयास करता है, अथवा किसी अन्य के घर को जलाता है, या चोरी करता है और ऐसी स्थिति में भागने का प्रयास करते हुए मारा

जाता है, तो वास्तव में ऐसा उसके अपने पाप के फलस्वरूप ही होता है।"

दलित महिलाएँ

"दलितवर्ग की महिलाएँ भी समुदाय की सेवा में अपना योगदान दे सकती हैं, यदि वे अपने घरेलू कार्य के बाद कुछ समय अपने लोगों के उद्धारार्थ किए जाने वाले कार्यों के लिए बचा सकें।"

समुदाय की गरिमा

"हैदराबाद के निजाम, जो देश के शत्रु हैं, का किसी तरह भी पक्ष लेकर अनुसूचित जाति के लोगों को अपने समुदाय की गरिमा नहीं गिरानी चाहिए।"

गुणवत्ता व स्तर

"सामान्य धारणा की भाँति यह स्वीकार नहीं किया जा सकता कि यदि युग-युग से किन्हीं लोगों का अस्तित्व चला आ रहा है, तो वे युग-युग से फल-फूल और सुधर रहे हैं। महत्त्व अस्तित्व में बने रहने का नहीं है, अपितु अस्तित्व की गुणवत्ता व उसके स्तर का है।"

शक्ति के स्रोत

"धर्म, सामाजिक स्तर और धन, सभी शक्ति और प्राधिकार के स्रोत हैं।"

सार्वजनिक स्मारक

"सार्वजनिक स्मारकों पर कोई भी व्यक्ति एकाधिकार का दावा नहीं कर सकता।"

प्रभावकारिता का रहस्य

"आप यदि प्रभावकारी बने रहना चाहते हैं, तो ऐसा केवल विनम्र विचारों के बल पर ही संभव नहीं है। आपको तैयारी करनी होगी, ... परिस्थितियों से निपटने की दृढ़ता रखनी होगी।"

व्ययपूर्ति

"यदि युद्ध के व्यय की पूर्ति के लिए (अतिरिक्त) कर देने में आप (धनवानों) को कोई आपत्ति नहीं, तो उस समय आपको क्यों आपत्ति होनी चाहिए जब धन का एकत्रीकरण श्रमिक के जीवन-स्तर में सुधार अथवा उसकी बढ़ोत्तरी के कार्य में व्यय करने के उद्देश्य से किया जा रहा हो?"

उन्नति व उद्यम

"उन्नति के लिए उद्यम अनिवार्य है। यदि आगे बढ़ना है तो हाथ-पैर तो हिलाने ही पड़ेंगे।"

पवित्र साहित्य

"पवित्र साहित्य के लिए आदर व सम्मान के विषय को, किसी भी दशा में, आज्ञा नहीं बनाया जा सकता। ऐसी स्थिति का कारण वे

सामाजिक आधार ही रहे हैं, जो एक मामले में इसे स्वाभाविक जबकि दूसरे में अस्वाभाविक बनाते हैं।"

बल प्रयोग

"किसी भी वस्तु की प्राप्ति के लिए बल प्रयोग करते समय हमें देखना होगा कि उसका उपयोग रचनात्मक हो, न कि हिंसा के दुरुपयोग के रूप में।"

इतिहास-निर्माण

"इतिहास को भूल जाने वाले इतिहास का निर्माण नहीं कर सकते।"

आत्मा की मुक्ति

"आत्मा की मुक्ति के लिए भक्ति एक मार्ग हो सकता है; लेकिन राजनीति में भक्ति अथवा नेता की पूजा गिरावट का निश्चित मार्ग है, और साथ ही तानाशाही का भी।"

पूरब-पश्चिम

"पूरब सदैव ही आतुर रहता है कि वह अपनी आवश्यकता के तुष्टिकरण में इस बात को प्रमुखता दे कि वह युद्ध और विनाश को जन्म देने वाले पश्चिम के अति भौतिकतावाद से मुक्त है।"

प्रगति का मूल्य

"अच्छे कार्य करने के लिए कठिन परिश्रम करने की आवश्यकता होती है। (साथ ही) हर प्रगति का मूल्य चुकाना पड़ता है और जो लोग इसके लिए त्याग करते हैं, उन्हें विकास के लाभ मिलते हैं।"

कर प्रणाली

"एक अच्छी कर प्रणाली की प्रथम और सबसे अनिवार्य आवश्यकता यह है कि उसे विश्वसनीय होना चाहिए। यह बात अधिक महत्त्वपूर्ण नहीं है कि कर प्रणाली से अधिक अथवा कम राजस्व की प्राप्ति होती है।"

निष्ठा व लक्ष्य

"उन चीज़ों को, जो हमारी निष्ठा को डिगाती है और हमें अपने लक्ष्य से दूर ले जाती हैं, हमें अभिशाप की भाँति मानना चाहिए। वे वरदान तो हो ही नहीं सकती हैं।"

स्वाभिमान की रक्षा

"रोटी के कुछ-एक टुकड़ों के लिए अपने आत्म-सम्मान का सौदा करना, अपने अधिकारों को गिरवी रखना अथवा निजी तौर पर अस्थायी लाभ के लिए अपने स्वाभिमान को खोना, किसी भी दशा में शोभायमान नहीं हो सकता।"

सृजनात्मक वृत्ति

"सृजनात्मक वृत्ति तथा परिग्रह वृत्ति का स्तर अलग-अलग होता है। निश्चित रूप से सृजनात्मक वृत्ति के संवर्धन और परिग्रह वृत्ति के अल्पीकरण के तरीके भी अलग-अलग होंगे। एक का संवर्धन दूसरे का न्यूनीकरण करेगा ही, ऐसी कोई बात नहीं है।"

पसंदीदा व्यवस्था

"हम ऐसी व्यवस्था चाहते हैं, जिसमें न केवल मानवाधिकार ही हमारे पास हो, अपितु यह अधिकार भी हो कि हम अपने वर्ग के लोगों को सदन में लाएँ, जो न केवल विचार-विमर्श में, अपितु निर्णय में भी भाग लें।"

••••

जीवन-सम्बन्धी घटनाक्रम

वर्ष	माह	तिथि	घटना
1897	अप्रैल	14	: मऊ छावनी (वर्तमान मध्य प्रदेश) में जन्म; पिताः रामजी सकपाल मूलतः कोंकण क्षेत्र के रत्नागिरि जनपद के अम्बावाडे ग्राम के निवासी थे तथा सेना में सूबेदार पद पर कार्यरत थे; रामजी सकपाल के पिता मालोजी सकपाल क्षेत्र के जाने-माने महार परिवार से थे; यह परिवार करुणा, मैत्री और मानवीय मूल्यों को समर्पित था, ईश्वर से डरने वाला था और सन्त कबीर की शिक्षाओं का विश्वासी था; माता : भीमाबाई थाना जनपद (वर्तमान में नवी मुम्बई) के मुरबाद ग्राम के उस सम्पन्न परिवार से थीं जिसमें से उनके पिता सहित सात लोग भारतीय सेना में सूबेदार मेजर थे; भीमाबाई का परिवार भी सन्त कबीर का अनुयायी था; भीमराव माता–पिता की चौदहवीं व अन्तिम सन्तान थे, इसलिए घर के लोग उन्हें प्रेमपूर्वक 'चौदहवें रत्न' कहकर भी बुलाते थे।
1896			: मध्य भारत के दापोली में, जहाँ सेवा–निवृत्त होने के बाद पिता रामजी सकपाल आकर रहने लगे थे, भीमराव की प्रारम्भिक शिक्षा प्रारम्भ हुई, लेकिन रामजी को दापोली रास

वर्ष	माह	तिथि	घटना
			नहीं आया और वे मुम्बई आए तथा वहाँ से सतारा पहुँचे।
1897			: माता भीमाबाई का सतारा में निधन; माता के उपरान्त बुआ मीराबाई द्वारा भीमराव की विशेष देखभाल; पिता रामजी भीम तथा दूसरे बालकों की शिक्षा की ओर व्यक्तिगत रूप से ध्यान देते थे, वे बालकों को महाकाव्यों से वृतान्त सुनाते थे और मराठी सन्तों जैसे कि मोरोपन्त मुक्तेश्वर तथा तुकाराम के गीतों से उनका परिचय कराते थे; चूँकि रामजी ने स्वयं सेना में रहते हुए लम्बा शिक्षण कार्य किया था और लगभग 14 वर्ष तक वे प्रधानाध्यापक रहे थे, इसलिए बालकों के प्रमुख गुरु वे स्वयं ही थे, हालाँकि बालक सतारा में पाठशाला भी जाते थे।
1907			: मुम्बई के एलफिन्सटोन हाई स्कूल से मैट्रीकुलेशन परीक्षा पास की; एस०के० बोले की अध्यक्षता में मुम्बई में आयोजित समारोह में भीमराव का प्रथम बार इसलिए सार्वजनिक अभिनन्दन किया गया, क्योंकि उन्होंने मैट्रीकुलेशन परीक्षा में श्रेष्ठ प्रदर्शन किया था; रामी के साथ विवाह; रामी को भीमराव

वर्ष	माह	तिथि	घटना
			के साथ विवाह के बाद परम्परानुसार रामबाई नाम दिया गया; पिता की इच्छा के अनुसार उच्चशिक्षा के लिए मुम्बई के एलफिन्सटोन कॉलिज में प्रवेश लिया।
1912			: कला स्नातक के लिए परीक्षा पास की; परीक्षा में भीमराव सर्वश्रेष्ठ, अर्थात प्रथम श्रेणी में प्रथम छात्र रहे थे; बड़ौदा राज्य-सेवा में सम्मिलित हुए।
1909			: मार्ले-मिन्टो सुधारों पर टिप्पणी की।
1913	फरवरी	2	: पिता रामजी सकपाल का मुम्बई में देहावसान; बड़ौदा के महाराजा के सहयोग से उच्चतम शिक्षा के लिए कोलम्बिया विश्वविद्यालय, संयुक्त राज्य अमेरिका जाने का निश्चय किया।
1915			: "एन्शियन्ट इण्डियन कामर्स" नामक अपने शोध-प्रबन्ध पर स्नातकोत्तर उपाधि प्राप्त की।
1916	जून		: "नेशनल डिविडेन्ट ऑफ इण्डिया : ए हिस्टोरिक एण्ड अनेलेटिक स्टडी" शीर्षक से शोधकार्य प्रस्तुत कर कोलम्बिया विश्वविद्यालय से पी०एच०डी० उपाधि प्राप्त की; अक्टूबर

वर्ष	माह	तिथि	घटना
			: 'ग्रायस इन', लन्दन में कानून के अध्ययन के लिए और साथ ही "लन्दन स्कूल ऑफ इकोनोमिक्स एण्ड पोलिटिक्स" में अर्थशास्त्र के अध्ययन के लिए प्रवेश लिया।
1917	अगस्त	21	: मुम्बई पहुँचे; अभूतपूर्व शैक्षणिक उपलब्धियों के लिए सार्वजनिक अभिनन्दन हुआ; महाराजा बड़ौदा की सेवा में सम्मिलित हुए; जातिवादी हिन्दुओं की ओर से बुरे व्यवहार के शिकार हुए; नवम्बर : बड़ौदा राज्य-सेवा त्यागकर वापस मुम्बई पहुँचे; छात्रों को पढ़ाने और व्यवसायियों को शेयर्स के बारे में परामर्श देने का कार्य प्रारम्भ किया।
1918			: "भारत में जातियाँ" और "स्माल होल्डिंग इन इण्डिया एण्ड देयर रेमेडीज" शीर्षक से उच्चस्तरीय लेख लिखकर प्रबुद्ध वर्ग का ध्यानाकर्षित किया; नवम्बर : मुम्बई के सेडेनहम कॉलिज में राजनीतिक अर्थव्यवस्था के प्रोफेसर नियुक्त हुए।
1919			: कोल्हापुर के प्रगतिशील विचारों वाले महाराजा के निकट सम्पर्क में आए।

वर्ष माह तिथि		घटना
1920 जनवरी 31	:	"मूक नायक" नामक पाक्षिक प्रारम्भ किया; मार्च 21 : कोल्हापुर में आयोजित अछूतों के सम्मेलन की अध्यक्षता की; मई : कोल्हापुर के शासक शाहूजी महाराज की अध्यक्षता में नागपुर में आयोजित अखिल भारतीय अछूत सम्मेलन में व्याख्यान दिया; सितम्बर : लन्दन आगमन तथा अक्टूबर 1916 में अधूरे छोड़े अध्ययन के लिए पुनः प्रवेश लिया।
1921	:	भारत मंत्री मोन्टेग्यू तथा विट्ठलभाई पटेल के साथ भारतीय दलितों की कठिनाइयों के सम्बन्ध में लन्दन में वार्ता की।
1922 अप्रैल-मई	:	बान विश्वविद्यालय में प्रवेश के उद्देश्य से जर्मनी की यात्रा।
1923 अप्रैल	:	मुम्बई वापसी तथा वहीं से "प्रोबलम आफ द रूपी" विषय पर शोध-प्रबन्ध तैयार कर "लन्दन स्कूल ऑफ इकोनोमिक्स एण्ड पोलिटिक्स" को भेजा; शोध प्रबन्ध पर डॉक्टर आफ साइन्स की उपाधि मिली।
1924 जुलाई 20	:	भीमराव के प्रयासों से चीमनलाल सीतलवाड़ की अध्यक्षता में बहिष्कृत हितकारिणी सभा का गठन हुआ; स्वयं अम्बेडकर सभा की प्रबन्धक समिति के प्रमुख बने।

वर्ष माह तिथि	घटना
1925 जनवरी 4	: बहिष्कृत हितकारिणी सभा के संरक्षण में दलित वर्गों के छात्रों के लिए शोलापुर में छात्रावास की स्थापना की गई।
1927 मई	: "बाम्बे लेजिस्लेटिव कोंसिल" में सदस्य के रूप में मनोनीत हुए; जुलाई : पूना में एक विशाल रैली को सम्बोधित करते हुए अम्बेडकर ने दलितों व अछूतों के अधिकारों की माँग की; अगस्त-दिसम्बर : महाद तालाब के दलितों द्वारा प्रयोग के लिए संघर्ष की अगुवाई की।
1929 अप्रैल-मई	: साम्यवादियों द्वारा आयोजित टेक्सटाइल श्रमिकों की हड़ताल का इसलिए विरोध किया, क्योंकि साम्यवादियों ने कभी भी दलित वर्गों के समर्थन में आवाज़ नहीं उठाई थी।
1930 मार्च	: दलितों के मन्दिर प्रवेश के अधिकार हेतु सत्याग्रह प्रारम्भ किया; लन्दन में आयोजित प्रथम गोलमेज सम्मेलन में भागीदारी के लिए दलित वर्गों के प्रतिनिधि बने।
1931 अगस्त 14	: मणिभवन, मुम्बई में अम्बेडकर-गाँधी वार्ता; अगस्त : द्वितीय गोलमेज सम्मेलन में भागीदारी

वर्ष	माह	तिथि	घटना
			के लिए लन्दन प्रस्थान।
1932	फरवरी	28	: मद्रास शहर में भव्य अभिनन्दन; मई–अगस्त : इंग्लैण्ड की यात्रा, ब्रिटिश प्रधानमंत्री व दूसरे मंत्रियों से भेंट; सितम्बर 24 : पूना पैक्ट पर हस्ताक्षर।
1936	जनवरी		: जाति-प्रथा पर अपना सुप्रसिद्ध निबन्ध लिखा; इंग्लैण्ड की यात्रा की।
1937	फरवरी		: बाम्बे विधान सभा के लिए निर्वाचित हुए; अगस्तः स्वतंत्र श्रमिक दल के अध्यक्ष व कोषाध्यक्ष निर्वाचित हुए; सितम्बरः 'खोती-व्यवस्था' की समाप्ति के लिए विधान सभा में विधेयक प्रस्तुत किया।
1939			: भारत के लिए फेडरेशन व्यवस्था के ब्रिटिश प्रस्ताव का विरोध किया; अक्टूबरः मुम्बई में नेहरू–अम्बेडकर वार्ता।
1941	जुलाई		: वायसराय कौंसिल की रक्षा सलाहकार समिति के सदस्य नियुक्त हुए।
1942			: क्रिप्स प्रस्तावों को अमान्य किया; मार्च : दलित महासम्मेलन आयोजित किया; जुलाई : वायसराय कौंसिल के सदस्य बने।

वर्ष	माह	तिथि	घटना
1943	मई	7	: मुम्बई में विशाल श्रमिक-सम्मेलन की अध्यक्षता की।
1945	नवम्बर	27	: दिल्ली में आयोजित सातवें श्रम-सम्मेलन की अध्यक्षता की; दिसम्बर : दक्षिणी भारत की यात्रा की।
1946	अप्रैल	5	: केबिनेट मिशन योजना के सदस्यों से भेंट; जून 20 : जन-शिक्षा समिति की स्थापना की; बंगाल से संविधान सभा के लिए निर्वाचित हुए।
1947	जुलाई		: बाम्बे विधान सभा से पुनः संविधान सभा के लिए निर्वाचित हुए; संविधान सभा की प्रारूप समिति के अध्यक्ष बने; अगस्त 3 : स्वतंत्र भारत के लिए नेहरू की अध्यक्षता में गठित होने वाले केन्द्रीय मंत्री-मण्डल के सदस्य के रूप में घोषणा हुई, 15 : केन्द्रीय विधि-मंत्री बनाए गए।
1949	नवम्बर	25	: भारतीय संविधान के प्रमुख निर्माता के रूप में सभा में हुई अन्तिम व खुली चर्चा में उठाए गए प्रत्येक प्रश्न का उत्तर दिया।
1950	जनवरी	26	: गणतंत्र भारत के प्रथम मंत्री-मण्डल में सम्मिलित हुए।

वर्ष	माह	तिथि	घटना
1952	मार्च		: राज्यसभा के लिए निर्वाचित हुए।
1953	जनवरी	12	: उसमानिया विश्वविद्यालय, हैदाराबाद ने बाबासाहेब डॉ० भीमराव अम्बेडकर को मानद डी०लिट्० उपाधि प्रदान की; मई : बौद्ध दर्शन के प्रचार-प्रसार के लिए अपने को समर्पित करने की घोषणा की।
1954			: भारत की विदेश-नीति और भारत-चीन सम्बन्धों पर विचार व्यक्त करते हुए माओ त्से-तुंग की कार्य पद्धति व नीति की आलोचना की; गोवा में कार्यवाही कर उसे भारत का तत्काल अंग बनाए जाने की माँग की; अक्टूबर 3 : समानता व समतामूलक समाज के सम्बन्ध में आकाशवाणी पर खुले तथा सारगर्भित विचार व्यक्त किए।
1956			: दशहरे वाले दिन, अर्थात 14 अक्टूबर को बौद्ध हो जाने की डॉ० अम्बेडकर ने घोषणा की, 15 : नागपुर नगर निगम द्वारा नागरिक अभिनन्दन किया गया; दिसम्बर 2 : दिल्ली में आयोजित दलाईलामा अभिनन्दन समारोह में भागीदारी, 6 : प्रातःकाल लगभग छः बजे नई दिल्ली में देहान्त; 7 : मुम्बई में अन्तिम संस्कार।

••••